DESSERTS

FRUCHTIGES

Fruchtiges Mandel-Apfel-Porridge 7
Mit Marzipan gefüllte Rotweinbirnen 8
Birnenjelly mit Schokosauce 11
Früchtejellies mit Pfirsich und Beeren 12
Johannisbeeren mit Dickmilch 15
Erdbeer-Tiramisu 16
Erdbeer-Parfait 19
Kalter Hund mit Banane 20
Birnen in Rotwein 23
Exotische Früchte-Desserts 24
Rote Grütze mit Kirschen und Beeren 27
Apfel-Mango-Dessert 28
Orangen mit Datteln und Zimt 31
Stachelbeeren mit Baiser 32
Gefüllte Honigfeigen 35

Orangentiramisu 36
Feigen in rosa Sahne 39
Granatapfel-Dessert 40
Für den Grill: Ananas-Trauben-Spieße 43
Fruchtiges Pain Perdu 44
Ananas-Tofu-Dessert 45
Knusperdinkel mit Obst und Nüssen 47
Stachelbeer-Crumble 48
Hopfauer Apfelspeise 51
Haferrisotto mit Erdbeeren 52
Aprikosen mit Nusssauce 55

KALTES

Mocca-Parfait 57
Stollen-Parfait mit Orangensalat 58
Ananaseis mit Ingwer und Kokos 61
Kiwi-Sorbet 62
Amarettoparfait 65
Himbeer-Joghurtschaum 66
Kirschgranita auf Sharonfrüchten 68
Birnen-Vanille-Tofu-Eis 69
Geeister Zitronenschaum 71
Blitz-Panna Cotta an Balsamico-Erdbeersauce 72

CREMIGES

Nuss-Maronen-Creme auf Trauben 75
Cremige Beerenküsse 76
Rhabarberkompott mit Quarkcreme 79
Himbeer-Buttermilch-Dessert 80
Süßes Pinienkern-Maronen-Mus 82
Maronencreme auf Mangospalten 83
Joghurt-Mousse 85
Quark-Mousse 86
Heidelbeer-Mousse auf Mohnsauce 88
Kürbiscreme 89
Geschichtete Rhabarber-Erdbeerspeise 91
Mangocreme 92
Papaya-Himbeer-Schichtcreme 95

4 SCHOKOLADIGES

Schokomousse – ganz ohne Sahne **97**
Schokoknusper hell und dunkel **99**
Leichte Schokotorte **100**
Brownies – Pralinen vom Blech **103**
Mousse au Chocolat **104**
Toffee Tarte **105**
Schokorisotto mit Vanille-Äpfeln **106**
Chocolate Chip Cookies **109**
Espressotorte **110**

5 GEBACKENES

Apfelkuchen **113**
Topfen-Palatschinken **114**
Kaiserschmarrn mit Zwetschgenkompott **117**
Crème Brûlée **118**
Vanilletoast mit Beerenconfit **121**
Zwetschgenkuchen **122**
Leichte Obsttarteletts aus Quark-Öl-Teig **125**
Knuspriges Apfel-Nuss-Crumble **126**
Cranberry-Yufkateigstrudel **129**
Honigbananen aus dem Ofen **130**
Vermicelles **131**

Knusprige Yufkaröllchen mit Dattel-Nuss-Füllung **132**
Klassische Waffeln **135**
Stollensoufflé mit Waldbeersauce **136**
Erdbeer-Sahne-Biskuit **139**
Ofenschlupfer **140**
Müsliwaffeln mit Honigquark **143**
Tarte Tatin **144**
Flammeri mit gebackenen Zwetschgen **147**
Karibiktorte **148**
Torta di Mandorle **151**
Spanischer Wind **152**
Schmandkuchen mit Mandarinen und Zimt **155**
Apfel-Zitronen-Muffins **156**

INHALTSVERZEICHNIS 3

Die süße Versuchung

Desserts sind der krönende Abschluss eines Mahls und das, worauf sich die meisten insgeheim freuen. Vom klassischen Tiramisu mit Erdbeeren bis zu knusprigen Yufkaröllchen mit Dattel-Nuss-Füllung – in diesem Buch findet sich eine riesige Auswahl süßer Ideen. Noch größer ist der Genuss, wenn man akzeptiert: Gesundheitliche Aspekte stehen bei Nachspeisen nicht unbedingt im Vordergrund. Sich ein paar Mal pro Woche den süßen Kleinigkeiten nach einem gesunden Essen hinzugeben, ist jedoch in der Regel nicht schlimm.

Eigentlich braucht der Körper keinen Zucker. Die Seele will Süßes. Es sorgt für ordentlich Serotonin in der Blutbahn, dem Botenstoff für Glücksgefühle. Besonders dick macht Zucker im Grunde nicht. Das Problem bei Süßem ist, dass es sich so leicht wegputzt und die Zuckerkalorien sich schnell summieren.

Zucker, Honig, Fruchtdicksaft, Stevia oder andere Süßstoffe?

Viele Diät-Bücher liefern oft einseitige Argumentationen, wieso dieses oder jenes Süßungsmittel besser, schlechter oder die Rettung einer von Karies und Diabetes bedrohten Menschheit sei. Klar ist: Zucker im Übermaß ist nicht gesund. Auch Fruchtzucker, wie er reichlich in alternativen Süßungsmitteln (z. B. Agavendicksaft) und Honig vorkommt, ist nicht gesünder als normaler Haushaltszucker. Viele vertragen ihn nicht gut, er belastet möglicherweise die Leber und weniger Kalorien bringt Fruktose auch nicht mit. Dass Fruktose keine Insulinausschüttung zur Folge hat, hat seine guten wie schlechten Seiten. Eine Insulinausschüttung signalisiert dem Körper nämlich: Stopp, du hast jetzt genug Zucker! Mit Fruktose fehlt dieses Signal.

Süßstoffe haben tatsächlich weniger Kalorien, dafür aber einen großen Nachteil: Sie schmecken oft nicht gut. Auch das sagenumwobene Stevia ist nicht optimal für Desserts: Wenige Kalorien gehen mit leicht bitterem Nachgeschmack und einem leicht pelzigen Gefühl auf der Zunge einher. Klingt gut für Ihre Mousse au chocolat? Eher nicht. Wer nicht täglich Desserts isst, sondern sie als ein Extra bewusst zu sich nimmt, kann in der Regel mit normalem Haushaltszucker süßen. Darauf sind die meisten der Rezepte auch ausgelegt.

---

20 Min. + 40 Min.
355 kcal pro Portion

Schnell im Blick: Zubereitungszeit und Kalorienzahl helfen bei der Auswahl des richtigen Rezepts. Die Zubereitungszeit ist aufgeteilt in die Zeit, in der Sie beschäftigt sind, plus die Zeit, die manche Gerichte für sich selbst benötigen – zum Gehen, Backen, Braten, Gefrieren, Kühlen, Kochen, Marinieren usw. –, die für Sie aber Freizeit ist.

Mengenangaben	Nährwertangaben
TL: Teelöffel	**E:** Eiweiß
EL: Esslöffel	**Kh:** Kohlenhydrate
Bd.: Bund	**F:** Fett
Pckg.: Packung	**kcal:** Kilokalorien
Msp.: Messerspitze	

Die wichtigsten Helfer

Mixstab/Mixer und Handrührgerät: Ein Mixstab zum Pürieren ist unverzichtbar und mit ihm der kleine Mixbecher, der oft zum Lieferumfang gehört und in dem man beispielsweise Nüsse hacken kann. Beim letzten Test von Mixstäben mit Zubehör hat sich gezeigt, dass unterhalb von 40 Euro keine gute Qualität zu bekommen ist. Einige Zutaten, beispielsweise Eischnee, sind einfacher mit einem Handrührgerät herzustellen. Gute Geräte gab es im letzten Test bereits ab 17 Euro.

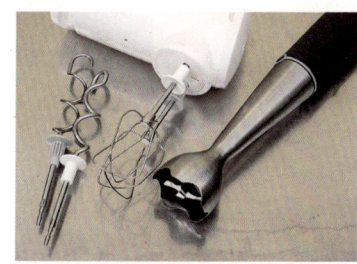

Sieb: Sie brauchen für einige Rezepte in diesem Buch ein Edelstahl-Drahtsieb mittlerer Größe. Es ist kein Luxus, mehrere Siebe unterschiedlicher Größe, fein- und grobmaschige Varianten zu besitzen. Ein Schüttrand aus Edelstahl erleichtert die Arbeit. Außerdem sollte es gegenüber dem Griff eine Lasche geben, die es ermöglicht, das Sieb in eine Schüssel oder einen Topf einzuhängen.

Reibe: Öfter werden Sie in den Rezepten aufgefordert, Zitronenschale abzureiben. Ohne eine scharfe, feine Reibe wird das zur Tortur. Billigreiben aus dem Möbelhaus oder für ein paar Cent von der Resterampe sind meist schnell stumpf. Eine Vierkantreibe ist eigentlich nicht so praktisch, viel besser, Sie setzen auf ein Modell mit gut in der Hand liegendem Griff und einer einzelnen, nicht zu schmalen Reibefläche. Eine grobe Reibe für andere Zwecke komplettiert das Küchenarsenal.

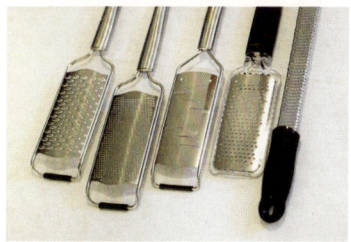

Zestenreißer: Noch einfacher lässt sich Zitronenschale mit einem Zestenreißer fein und hauchdünn abschälen. Ein guter Zestenreißer (oder besser -schneider) bietet noch zusätzlich eine größere Lasche (quasi ein Auge), mit der man dickere Schalenstreifen, beispielsweise aus Orangen, schneiden kann.

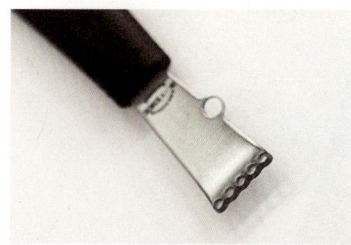

Zitruspresse: Hier gibt es Luxusmodelle für hunderte Euro. Am einfachsten funktionieren aber schlichte Zitronenkegel aus Holz oder Metall, die man in der Hand hält. Arbeitet man über einem Sieb, das die Kerne zurückhält, kann man praktisch direkt ins Zielgefäß pressen. Noch einfacher ist es, das Fruchtfleisch der aufgeschnittenen Zitronenhälften mit einer Gabel mehrfach kräftig einzustechen und dabei die Hälften ebenfalls über einem Sieb mit der Hand auszudrücken. Die üblichen Pressen aus Glas sind für die heute bei uns erhältlichen Zitronen meist viel zu klein dimensioniert.

⏱ 15 Minuten
🔥 322 kcal pro Portion

Fruchtiges Mandel-Apfel-Porridge

Für 4 Portionen:
2 mürbe Äpfel
40 g ungeschälte Mandeln
500 ml Sojamilch (oder Kuhmilch)
80 g zarte Haferflocken
15 g Haferkleie
3 EL getrocknete Berberitzen
1 Prise Salz
1 Stück Vanilleschote
200 ml Birnensaft
4 TL schwarzes Johannisbeergelee

1. Die Äpfel waschen und mit Schale grob raspeln. Die Mandeln hacken und in einem Topf leicht anrösten, bis sie duften. Dann die Milch zugeben, Haferflocken und -kleie, Berberitzen, Salz und Vanilleschote und alles einmal aufkochen lassen.

2. Zugedeckt bei kleiner Hitze 2 Minuten kochen lassen. Dann vom Herd ziehen und den Saft zufügen. Auf 4 Schalen verteilen und mit einem Klecks Johannisbeergelee krönen.

Pro Portion: 1 g E, 46 g Kh, 10 g F

Info: *Gibt Kraft und eignet sich deshalb hervorragend als Müslivariante zum Frühstück oder als schneller Ersatz fürs Mittagessen. Kalt ebenfalls ein Genuss. Dann eventuell noch etwas verdünnen.*

Variante: *Frischer schmeckt es, wenn Sie statt des Gelees eine Handvoll frischer Himbeeren oder Blaubeeren zugeben.*

FRUCHTIGES

20 Minuten
720 kcal pro Portion

Mit Marzipan gefüllte Rotweinbirnen

Für 4 Portionen:

1 unbeh. Orange
1 EL Puderzucker
100 ml Portwein
250 ml Rotwein
250 ml Kirschsaft
100 g Zucker
1 Vanilleschote
1 Zimtstange
1 Scheibe frischer Ingwer
4 reife, feste Birnen
100 g Walnüsse
100 g gesalzene Erdnüsse
70 g Marzipanrohmasse
Zitronensaft
1 gestrichener EL Speisestärke
nach Belieben 4 cl Cassislikör
100 g dunkle Schokolade
als Beilage Vanilleeis

1. Zwei Streifen Schale von der unbehandelten Orange abreiben. Puderzucker in einem Topf erhitzen und karamellisieren lassen, mit Portwein und Rotwein ablöschen. Kirschsaft, Zucker, die aufgeschlitzte Vanilleschote, Zimtstange, Ingwer und Orangenschalen dazugeben, alles aufkochen und 5 Minuten köcheln lassen.

2. Birnen schälen und mit einem Kugelstecher das Kerngehäuse entfernen. Die ganzen, ausgehöhlten Birnen in den köchelnden Sud geben und 10 Minuten gar ziehen lassen.

3. Nüsse zerkleinern, am besten im Blitzhacker, mit der Marzipanrohmasse verkneten, einige Spritzer Zitronensaft dazugeben, beiseite stellen.

4. Birnen aus dem Sud nehmen und auf einem Sieb abtropfen lassen. Den Sud durch ein Sieb laufen lassen, aufsetzen und 2 Minuten kochen lassen. Speisestärke in etwas kaltem Wasser auflösen und unter den kochenden Sud geben. Erneut aufkochen, eventuell Cassislikör unter den Sud geben, abkühlen lassen.

5. Die Marzipanmasse zu kleinen Kugeln formen und in die abgekühlten Birnen füllen. Die Masse ist so „weich", dass man die Birnen daraufstellen kann, ohne dass sie umkippen. Mit einem Löffel etwas Sud in die Mitte der Teller geben, je eine Birne daraufsetzen und mit einer Küchenreibe die Schokolade über die Birnen reiben. Mit Vanilleeis servieren.

Pro Portion: 16 g E, 60 g Kh, 44 g F

⏱ 30 Min. + 8 Std.
🔥 200 kcal pro Portion

Birnenjelly mit Schokosauce

Für 4 Portionen:
10 Blatt weiße Gelatine
ca. 40 g Ingwer
2 Nelken
1 Prise gemahlene Muskatnuss
600 ml Birnensaft
40 g Zartbitterschokolade
150 ml Milch (1,5 % Fett)
2–3 Messlöffel Johannisbrotkernmehl (Löffel liegt der Packung bei)

1. Gelatine in kaltem Wasser einweichen. Gewaschenen Ingwer in Scheiben schneiden, mit Nelken, Muskat und 150 ml Wasser in einem Topf aufkochen, 5 bis 10 Minuten bei milder Hitze köcheln. Die Gewürze abgießen, das Gewürzwasser in eine Schüssel geben und die eingeweichte Gelatine darin auflösen. Birnensaft dazugeben und nach Geschmack süßen. Eine flache Schale mit Klarsichtfolie auslegen und den Birnensud hineingeben. Über Nacht im Kühlschrank fest werden lassen.

2. Schokolade in 5 EL erhitzter Milch schmelzen lassen, zusammen mit der restlichen Milch im Mixer schaumig schlagen. Johannisbrotkernmehl dazugeben und weiter schlagen, bis eine schaumige Sauce entstanden ist.

3. Das Birnengelee aus der Form stürzen, die Folie abziehen und das Gelee in Würfel schneiden. Mit der Schokosauce servieren.

Pro Portion: 7 g E, 30 g Kh, 5 g F

Tipp: *Verwenden Sie frische Ingwerwurzel. Getrockneter Ingwer enthält nur wenig von den wertgebenden Inhaltsstoffen.*

Variante: *Ein paar gehackte Kaffeebohnen darüberstreuen.*

25 Minuten
121 kcal pro Portion

Früchtejellies mit Pfirsich und Beeren

Für 4 Portionen:
6 Blatt Gelatine
½ unbeh. Zitrone
400 ml weißer Traubensaft
1–2 reife Pfirsiche
150 g Himbeeren (oder Erdbeeren)
100 ml Mineralwasser mit Kohlensäure

1. Die Gelatine in kaltem Wasser einweichen. Die Zitrone waschen, Schale mit einem Sparschäler spiralig abschneiden und den Saft auspressen. Beides mit dem Traubensaft mischen.

2. Pfirsich und Himbeeren waschen. Die Haut des Pfirsichs abziehen. Wenn sie zu fest haftet, den Pfirsich mit kochendem Wasser überbrühen, eine Minute ziehen lassen und kalt abschrecken – dann löst sich die Haut besser. Den Pfirsich in schmale Spalten schneiden und dann in kleine Würfel.

3. Die Gelatine tropfnass in einem kleinen Topf auflösen – auf keinen Fall kochen lassen. Dann löffelweise den Traubensaft zugeben. Die Zitronenschale entfernen. Kaltes Mineralwasser angießen.

4. Vier Gläser mit den Früchten auslegen. Dann den Saft zugeben und die Mischung in den Kühlschrank stellen.

Pro Portion: 4 g E, 23 g Kh, 0,5 g F

Tipp: *Schmeckt mit etwas halbsteif geschlagener Sahne – ist dann aber kalorienreicher.*

Varianten: *Statt Himbeeren können Sie Erd- oder Blaubeeren oder blaue Weintrauben nehmen. Die Pfirsiche lassen sich gut gegen Charantaismelone oder Mango austauschen.*

⏱ 30 Min. + 3 Std.
🔥 262 kcal pro Portion

Johannisbeeren mit Dickmilch

1. Die Gelatine in ein Gefäß mit kaltem Wasser geben und darin 10 Minuten einweichen.

2. Die Johannisbeeren waschen, trockenschwenken (etwa 4 bis 6 Trauben zum Garnieren beiseite legen), die Beeren von den Rispen zupfen und auf 4 Dessertschälchen verteilen.

3. Die Dickmilch und den Zucker in einem Gefäß verrühren. Die Gelatine tropfnass in einem kleinen Topf mit wenig Wärmezufuhr oder Restwärme auflösen; unter Rühren kurz abkühlen lassen. Von der Dickmilch etwa ein Drittel in die aufgelöste Gelatine rühren, diese Mischung dann in die Dickmilch rühren, kühl stellen.

4. Die Sahne steif schlagen und kühl stellen.

5. Für den Krokant die Butter in einer Pfanne erhitzen, Haferflocken und Mandelblättchen zufügen. Unter ständigem Rühren leicht bräunen. Den Honig zugeben und vorsichtig untermischen, bis alles karamellisiert ist. Krokantmasse herausnehmen, zerbröckeln (zum Garnieren etwas beiseite stellen) und auf die Früchte streuen.

6. Sobald die Dickmilch beginnt fest zu werden, die Schlagsahne unterheben. Die Masse über die Johannisbeeren geben.

7. Zum Servieren mit restlichem Krokant und den beiseite gestellten Johannisbeeren garnieren.

Für 4 Portionen:
Früchte
3 Blatt weiße Gelatine
500 g reife rote Johannisbeeren
500 g Dickmilch
60–80 g Zucker
⅛ l Schlagsahne
Krokant
1 TL Butter
25 g kernige Haferflocken
25 g Mandelblättchen
1 TL Honig

Pro Portion: 6 g E, 29 g Kh, 12 g F

FRUCHTIGES

⏱ 35 Min. + 2 Std.
🔥 275 kcal pro Portion

Für 4 Portionen:
- 80 g Löffelbiskuit
- 100 ml Milch, 1,5 % Fett
- 1–2 EL Kakao (schwach entölt)
- 2 TL Zucker
- 500 g Erdbeeren

Krokant
- 30 g Mandelblättchen
- 2 EL Zucker
- 15 g Butter

Quarkmasse
- 300 g Speisequark, 40 % Fett
- 75 ml Milch, 1,5 % Fett
- 1 Pckg. Vanillezucker
- 1 EL Zucker

Erdbeer-Tiramisu

1. Die Löffelbiskuits in eine längliche Form (etwa 20 cm × 30 cm) geben. 100 ml Milch in einem kleinen Topf erhitzen, je 2 Teelöffel Kakao und Zucker darin verrühren und über die Biskuits träufeln.

2. Die Erdbeeren abbrausen, abtropfen lassen, die Stiele und Blütenansätze entfernen, trockentupfen, jeweils in 3 bis 4 Scheiben schneiden und auf den Löffelbiskuits verteilen.

3. Die Mandelblättchen, Zucker und 15 g Butter in eine Pfanne geben und bei kleiner Hitze unter Rühren leicht bräunen. Auf einen Teller geben, auskühlen lassen und über die Erdbeeren verteilen.

4. Quark, Milch (75 ml), Vanillezucker und 1 Esslöffel Zucker verrühren, über dem Mandelkrokant verteilen und mit dem Rücken eines Esslöffels glatt streichen. Die Form vorsichtig mit Klarsichtfolie abdecken und 2 Stunden im Kühlschrank durchziehen lassen.

5. Zum Servieren den restlichen Kakao in ein Sieb geben und das Erdbeer-Tiramisu damit bestäuben.

Pro Portion: 10 g E, 27 g Kh, 13 g F

⏱ 45 Min. + 4 Std.
🔥 200 kcal pro Portion

Erdbeer-Parfait

1. Die Erdbeeren abbrausen, gut trockentupfen, die Stiele und Blütenansätze entfernen. Früchte mit dem Pürierstab zerkleinern.

2. Eigelb und Puderzucker in einer Schüssel weißcremig schlagen. Die pürierten Früchte unterrühren. Die Sahne sehr steif schlagen und vorsichtig mit der Frucht-Eigelb-Masse mischen.

3. In eine mit Gefrierfolie ausgelegte Kastenform (16 cm lang) geben, obenauf glatt streichen und in das Gefriergerät stellen. 4 Stunden gefrieren lassen.

4. Zum Anrichten die Form kurz in heißes Wasser tauchen, bis das Eis am Rande etwas antaut. Mit den am Rand überstehenden Enden der Gefrierfolie herausheben und auf ein Brett setzen, das Parfait in Scheiben schneiden und auf Tellern anrichten. Wenn die Form nicht mit Folie ausgeschlagen ist, eine Platte mit der Oberseite nach unten auf die Form legen und beides schnell wenden. Eventuell etwas rütteln, bis sich das Parfait löst. Das Parfait in fingerbreite Scheiben schneiden und anrichten.

5. Zum Servieren mit kleinen frischen Minz- oder Zitronenmelisseblättchen und Waffelröllchen garnieren.

Tipps: *Darauf achten, dass die Gefrierfolie am oberen Rand 2 bis 3 cm an allen Seiten überlappt. Zum Einfrieren nach außen klappen, damit die Folie auf dem Parfait nicht festfriert.*

Variante: *Sie können auch aus TK-Erdbeeren ein Parfait herstellen. Dazu 450 bis 500 g tiefgefrorene Erdbeeren mit 100 g Zucker mischen, auftauen lassen und durch ein Sieb passieren. Eventuell etwas Zitronensaft unterrühren. 200 bis 250 ml Schlagsahne steif schlagen, unter die Erdbeermasse rühren, in eine größere Form füllen und etwa 4 Stunden gefrieren lassen. Dies ergibt die doppelte Menge des Rezepts mit den frischen Früchten.*

Für 4 Portionen:
125 g Erdbeeren
2 Eigelb
50 g Puderzucker
125 ml Schlagsahne

Pro Portion: 3 g E, 15 g Kh, 13 g F

30 Min. + 3 Std.
210 kcal pro Scheibe

Kalter Hund mit Banane

*Für 1 Kastenform
(ca. 20 cm × 8 cm, ca. 15 Scheiben):*

350 g Zartbitterkuvertüre
200 g Sahne
2–3 kleine Bananen
150 g Butterkekse
50 g Nussnougatcreme
einige Mandeln, gehobelt (oder andere Dekoration)

Pro Scheibe: 4 g E, 28 g Kh, 9 g F

1. Die Kuvertüre mit einem großen Messer in kleine Stücke teilen. Die Sahne in einem kleinen Topf erwärmen, die Kuvertüre darin schmelzen, alles zu einer glänzenden Masse verrühren, etwas abkühlen lassen.

2. Die abgekühlte Mischung in einer größeren Schüssel ähnlich wie Schlagsahne aufschlagen. Die Schokosahnemasse sollte fest, aber noch cremig sein. Wenn sie zu fest ist, im Wasserbad leicht erwärmen.

3. Eine Kastenform ausfeuchten, mit Frischhaltefolie auskleiden. Die Bananen in Scheiben (Größe nach Geschmack) schneiden.

4. Den Boden der Form mit etwa 2 EL Schokosahne ausstreichen, eine Lage Butterkekse dicht an dicht darauflegen und festdrücken. Darüber wieder eine Schicht Schokomischung geben, dann dicht an dicht Bananenscheiben. Diese mit dem Löffel in die Schokomasse drücken und noch einmal etwa 2 gehäufte TL Schokomasse darüberstreichen. Die Bananen sollten gerade eben bedeckt sein. Erneut Kekse darübergeben, die Form so Schicht für Schicht füllen, alles in allem etwa 5 Lagen Kekse. Den Abschluss bildet eine Lage Kekse ohne Schokoschicht darüber. Mindestens 3 Stunden kalt stellen, am besten über Nacht.

5. Den kalten Hund aus der Form auf eine Unterlage stürzen, über die oberste Schicht Nussnougatcreme streichen. Gehobelte Mandeln in einer Pfanne ohne Fett bräunen und darübergeben. Der Bananen-Schoko-Hund hält sich bei Zimmertemperatur einige Tage, noch besser gekühlt.

Tipps: *Vor allem Kindern schmeckt der Kuchen mit Vollmilchkuvertüre. Dekorieren Sie ihn mit bunten Streuseln und Kügelchen.*

Gut machen sich auch Zimt oder Ingwer in der Schokomasse, ebenso getrocknete Früchte wie Kirschen oder Cranberrys.

Für eine große Kastenform (30 cm) rechnen Sie 300 g Schlagsahne, 500 g Kuvertüre, mehr Bananen sowie mindestens 1 Packung Butterkekse (200 g).

⏲ 20 Min. + 40 Min.
🔥 130 kcal pro Portion

Birnen in Rotwein

1. Birnen schälen, halbieren, Kerngehäuse herausheben. Größere Exemplare quer durchschneiden, eventuell vierteln. Orange dünn schälen (Sparschäler), Schale in Streifen schneiden.

2. Den Wein in einem kleinen Topf mit Orangenschalen, Gewürzen und Zimtstange erwärmen. Mit dem Honig weiter erhitzen, bis er sich aufgelöst hat. Die Birnen dazugeben, eventuell noch etwas Wein nachgießen, sie sollten gerade bedeckt sein. 10 Minuten offen köcheln lassen.

3. Birnen herausnehmen, Wein durchsieben, Gewürze und Schalen wegwerfen. Wein auf Sirupkonsistenz einkochen, das kann 30 Minuten dauern. Birnen wieder hineinlegen, am besten einige Stunden durchziehen lassen.

4. Zum Servieren die Birnen längs 2- bis 3-mal einschneiden, je 2 auf einen Teller setzen. Den Sirup darübergeben.

Pro Portion: 0 g E, 24 g Kh, 0 g F

Für 4 Portionen:

400 g Birnen, möglichst klein und fest
½ unbeh. Orange
500 ml Rotwein
1 Sternanis, 5 Nelken, 5 Pfefferkörner
1 Zimtstange (oder etwas gemahlener Zimt)
1–2 EL Honig

⏱ 30 Min. + 2 Wochen
🔥 116 kcal pro 100 g

Exotische Früchte-Desserts

Für 16 Portionen:

1 frische Ananas oder
10 Scheiben aus der Dose

2 reife Mangos

4 feste Kiwis

2 Limetten

50 g Ingwer, gerieben

½ l trockener Weißwein
oder Apfelsaft

4 EL milder Weißweinessig

200 g Zucker

2–3 TL eingelegter grüner Pfeffer
(aus dem Glas)

1. Die Ananas in Achtel schneiden, den hellen inneren Strunk entfernen. Fruchtfleisch aus der Schale lösen und in 2 cm große Stücke schneiden.

2. Die Haut der Mangos einritzen und abziehen, Fruchtfleisch in Spalten vom Kern lösen. Fruchtstücke würfeln.

3. Von den Kiwis die Enden abschneiden, die Früchte schälen und in Scheiben schneiden.

4. Die Limetten heiß abwaschen, trockentupfen und in hauchdünne Scheiben schneiden. Eventuelle Kerne entfernen.

5. Ingwerwurzel schälen und fein reiben. In einem Topf zusammen mit Weißwein, Essig und Zucker aufkochen. Den Topf vom Herd nehmen. Den grünen Pfeffer waschen und mit den Früchten zufügen. Zugedeckt 12 Stunden zum Marinieren beiseite stellen.

6. Danach mit einem Schaumlöffel abgetropft in ein vorbereitetes großes Schraubglas geben. Den verbliebenen Fruchtsaft erneut in einem Topf aufkochen lassen und heiß über die Früchte gießen. Das Glas sofort verschließen.

7. Kühl stellen. Nach 2 Wochen darf probiert werden.

Pro 100 g mit Saft: 0 g E, 23 g Kh, 0 g F

Rote Grütze mit Kirschen und Beeren

🕑 35 Min. + 3 Std.
🔥 94 kcal pro Portion

1. Die Früchte in kaltes Wasser tauchen und trockentupfen. Erdbeeren, Himbeeren und Brombeeren von den Blütenansätzen befreien. Kirschen entstielen und entsteinen, Johannisbeeren von den Rispen streifen. Große Erdbeeren vierteln oder achteln. Alle Früchte mischen.

2. Die Speisestärke mit 5 Esslöffeln Fruchtnektar verrühren. Restlichen Fruchtnektar aufkochen, den Zucker und Vanillezucker einrühren und darin auflösen. Mit der angerührten Speisestärke kurz aufkochen.

3. Die vorbereiteten Früchte zufügen, umrühren und 1 Minute auf der ausgeschalteten Kochstelle ziehen lassen. Die Rote Grütze in eine Schüssel füllen, erkalten lassen und 3 Stunden im Kühlschrank kühlen.

Pro Portion: 1 g E, 22 g Kh, 0 g F

Tipps: *Statt der Beeren können Sie auch nur Kirschen verwenden. Wer mag, fügt ein Glas Kirschwasser oder Rum (45 % Vol.) hinzu.*

Im Winter können Sie auch (die gleiche Menge) tiefgefrorenes Obst verwenden

Für 8 Portionen:

750 g frische Früchte
(Sauerkirschen, Himbeeren,
Brombeeren, Erdbeeren
und Johannisbeeren)

40 g Speisestärke

500 ml Kirsch- oder
Johannisbeernektar

50 g Zucker
(je nach Süße des Nektars)

1 TL Vanillezucker

15 Min. + 1 Std.
146 kcal pro Portion

Apfel-Mango-Dessert

Für 4 Portionen:

200 g Seidentofu

300 g Apfelmus

1 große Mango (300 g)

2 EL gehackte Pistazien

4 Minzeblättchen

1. Tofu und Apfelmus in eine Schüssel geben und zu einer homogenen Masse pürieren. Die Mango schälen und fein würfeln, dabei einen Teil in Spalten schneiden und als Dekoration aufbewahren.

2. Die Mangowürfel unter den Apfel-Tofu-Mix heben. Anschließend die Creme in Dessertgläser füllen und für mind. 1 Stunde kalt stellen.

3. Das Dessert vor dem Servieren mit Mangospalten belegen, die gehackten Pistazien darüberstreuen und zum Schluss mit Minzeblättchen dekorieren.

Pro Portion: 4 g E, 22 g Kh, 5 g F

Info: Äpfel enthalten Pektin – dieser lösliche Ballaststoff ist in der Lage, Cholesterin zu binden. Zusätzlich wird die Darmtätigkeit angeregt.

Variante: Probieren Sie dieses Dessert doch auch mal mit Haselnussmus und gehackten Haselnüssen. Statt Mango passen zur Minze auch sehr gut 300 g Erdbeeren. Wenn Ihnen dieses Dessert nicht süß genug ist, geben Sie noch etwas

15 Min. + 2 Std.
150 kcal pro Portion

Orangen mit Datteln und Zimt

1. Die Orangen gründlich bis aufs Fruchtfleisch schälen, das geht am einfachsten so: Den Boden abschneiden, die Orange aufstellen und von oben nach unten die Schale mit einem sehr scharfen Messer gründlich abschneiden. Quer zum Stielansatz etwa 1 cm dicke Scheiben schneiden. In eine breite Schüssel legen, unter Wenden Orangenblütenwasser sowie Zimt dazugeben.

2. Mindestens 2 Stunden gekühlt durchziehen lassen und auch gekühlt servieren: Die Scheiben auf jedem Teller ringförmig anordnen und pro Teller 2 Datteln in Hälften oder in Ringe geschnitten darauflegen.

Pro Portion: 18 g E, 32 g Kh, 1 g F

Für 4 Portionen:
4 mittelgroße Orangen
10–12 Tropfen Orangenblütenwasser
1–2 TL Zimt
8 große weiche Datteln

Tipps: *Das herbe, intensive Aroma des Blütenwassers passt auch gut zu herzhaften Salaten, ist aber nicht jedermanns Geschmack. Die Alternative für dieses Dessert: Eine halbe Zitrone und eine Orange auspressen, Saft mit etwas Zucker über die Scheiben geben und durchziehen lassen.*

Orangenblütenwasser wird hauptsächlich in Marokko destilliert. Bei uns bekommt man es am einfachsten in türkischen Läden – dort gibt es meist auch gute getrocknete Datteln aus neuer Ernte.

🕐 35 Min. + 55 Min.
🔥 260 kcal p. St. (bei 12)

Stachelbeeren mit Baiser

Für 1 Springform (26 cm Ø):

Mürbeteig

100 g Butter
100 g Zucker
150 g Mehl
1½ TL Backpulver
50 g Stärke
3 Eigelb

Belag

500 g Stachelbeeren (rot oder grün)
75 g Mandeln, gehobelt
3 Eiweiß
150 g Puderzucker
1 Pckg. Vanillezucker (2 EL)

1. Ofen auf 180 °C vorheizen. Für den Teig Butter, Zucker, Mehl, Backpulver und Stärke mit den Knethaken kurz mischen, die drei Eigelb einzeln dazugeben, kurz verkneten. Den Teig in die mit Butter ausgefettete Springform drücken, am Rand etwas hochziehen.

2. Stachelbeeren waschen und zum Trocknen auf Küchenpapier geben. Etwa ein Drittel der Beeren halbieren. 50 g Mandelblättchen, danach die Beeren auf dem Teig verteilen. Bei sehr sauren Beeren 50 g Zucker darüberstreuen.

3. Eiweiß mit 1 Prise Salz steif schlagen, nach und nach Puder- und Vanillezucker dazugeben. Baisermasse mit einem Löffel über die Beeren streichen, die restlichen 25 g Mandelblättchen darüber verteilen.

4. Auf der untersten Schiene 45 bis 55 Minuten backen. Baiser nach den ersten 10 Minuten mit Backpapier abdecken. Nach dem Backen das Papier sofort entfernen, sonst wird das Baiser zu weich.

Pro Stück: 4 g E, 38 g Kh, 11 g F

Tipps: *Diesen sehr krümeligen Mürbeteig können Sie sofort verarbeiten, er muss nicht – wie sonst oft – im Kühlschrank ruhen.*

Spezialfall Rhabarber: Nur die ersten Rhabarberstangen im Frühjahr sind noch so zart, dass man sie weder schälen noch abziehen muss. Sonst muss meist geputzt werden. Blätter und Blattansatz immer großzügig wegschneiden. Rechnen Sie bei 500 g Rhabarber mit 100 g Abfall.

Auch weniger saure Früchte wie Aprikosen, Pfirsiche oder Kirschen eignen sich für dieses Rezept. Dann reichen 100 g Zucker im Baiser, vor allem, wenn das Obst gesüßt aus der Dose kommt.

Gefüllte Honigfeigen

⏱ 20 Min. + 10 Min.
🔥 305 kcal pro Portion

1. Orangensaft und 5 EL Honig in einem geeigneten Topf langsam erwärmen, bis sich der Honig aufgelöst hat. Die Feigen zugeben und etwa 10 Minuten weich köcheln, anschließend abkühlen lassen.

2. Für die Füllung Pistazien und Aprikosen sehr fein hacken und in eine Schüssel geben. Dann Sesam und den restlichen Honig hinzufügen und gut vermischen.

3. Die abgekühlten Feigen mit einer Schaumkelle aus der Flüssigkeit nehmen und mit einem Messer von oben einschlitzen. Mit den Fingern jeweils eine leichte Höhlung in die Feigen drücken und mit ungefähr 1 TL der Pistazien-Aprikosen-Mischung füllen. Feigen nach dem Füllen wieder zusammendrücken und in eine feuerfeste Form (ungefähr 26 cm × 20 cm groß) legen. Anschließend die Feigen mit der Kochflüssigkeit, dem gekochten Honig-Orangensaft, übergießen.

4. Die Feigen im Backofen 10 Minuten bei etwa 180 °C grillen. Danach aus der Flüssigkeit heben und mit etwas Puderzucker bestäuben. Warm oder kalt mit dem Orangensaftsud und wahlweise auch mit Joghurt servieren.

Tipps: *Sesam rösten sie in einer Pfanne ohne Öl. Aufpassen, dass er nur ganz leicht braun wird, sonst bekommt er einen penetranten Geschmack. Anstatt der getrockneten Aprikosen können auch Rosinen und anstelle der Pistazien Walnüsse oder Mandeln verwendet werden.*

Eine Feige reift nur am Baum, deshalb sollten nur Feigen, die samtartig und federnd sind, für dieses Dessert genommen werden. Frische Feigen sind sehr empfindlich und nur kurze Zeit haltbar (im Kühlschrank etwa 5 Tage), danach beginnen sie zu gären. Falls eine Feige lange lagerfähig ist, ist sie entweder unreif oder behandelt.

Für 4 Portionen:
- 150 ml Orangensaft
- 6 EL Honig
- 12 frische Feigen
- 40 g geschälte Pistazien, nicht gesalzen
- 25 g getrocknete Aprikosen
- 1 TL gerösteter Sesam (siehe Tipp)
- Puderzucker
- 80 g griechischer Joghurt

Pro Portion: 5 g E, 49 g Kh, 9 g F

⏱ 50 Min. + 2 Std.
🔥 486 kcal pro Portion

Orangentiramisu

Für 4 Portionen:

4 unbeh. Orangen
6 EL Orangenlikör (wie Cointreau)
250 ml Espresso, sehr stark
12 Stück Löffelbiskuits (100 g)
250 g Mascarpone
150 ml Joghurt
2–3 Pckg. Vanillezucker
2 EL ungesüßtes Kakaopulver

1. Die Orangen über einer Schüssel (zum Auffangen des Saftes) vollständig schälen (Schale aufbewahren). Dann die Früchte quer in maximal 1 cm dicke Scheiben schneiden. Diese Scheiben vierteln, dabei die Kerne und die weiße Mitte entfernen, die Orangenscheiben in eine andere Schüssel legen, etwas geriebene Schale darübergeben und mit etwa 2 EL Orangenlikör beträufeln. Beiseitestellen.

2. Den Espresso mit dem restlichen Orangenlikör und dem aufgefangenen Orangensaft mischen, in einen tiefen Teller gießen. Die Biskuits kurz in diese Mischung tauchen, dann den Boden einer etwa 5 cm hohen Glasform damit auslegen. Wenn Flüssigkeit übrig bleibt, zum Schluss ebenfalls über die Biskuits träufeln.

3. Mascarpone, Joghurt und Vanillezucker mischen, nach Geschmack etwas nachsüßen. Ein Viertel dieser Mascarponemischung über den Biskuits verteilen. Darüber dann die marinierten Orangen schichten, dann den Rest der Mascarponecreme.

4. Tiramisu bis zum Verzehr kalt stellen, mindestens 2 Stunden, besser über Nacht ziehen lassen. Erst vor dem Servieren dick mit Kakaopulver bestreuen. Ein kleines Sieb ist dafür gut geeignet.

Pro Portion: 8 g E, 38 g Kh, 32 g F

Tipp: *Bei diesem Tiramisu für vier Personen haben wir uns mit jeweils einer Schicht für jede Zutat begnügt. Wenn Sie größere Mengen für viele Esser zubereiten, sollten Sie das Tiramisu aber seinem Namen entsprechend – Tiramisu bedeutet „Zieh mich hoch" – um weitere Schichten „hochziehen".*

⏱ 15 Minuten
🔥 260 kcal pro Portion

Feigen in rosa Sahne

1. Die Feigen abspülen, trocken tupfen und vom Stielansatz aus halbieren. Die Hälften der Länge nach so in Streifen schneiden, dass sie am Stiel noch zusammenhängen. Jeweils 3 Hälften aufgefächert auf einen Teller legen.

2. Die Sahne mit dem Grenadinesirup leicht rot färben, Mandellikör und nach Geschmack Puderzucker unterrühren. Um die Feigen herumgießen und kalt stellen. Jeden Teller mit etwas Puderzucker bestäuben.

Pro Portion: 3 g E, 31 g Kh, 13 g F

Info: *Frische Feigen sind echte Multitalente. Gut sind sie beispielsweise in der Pfanne kurz mit Butter und Zucker karamellisiert. Beim Käsegang nach dem Menü passen Feigen zu Roquefort oder jedem anderen scharfen Käse, am besten halbiert oder aufgefächert und mit ein paar Tropfen Balsamico darüber.*

Für 4 Portionen:

6 frische Feigen, grün oder violett
150 g Sahne
2 EL Grenadinesirup (oder Cassis)
1–3 EL Puderzucker
1–2 EL Mandellikör (oder -sirup)

⏱ 25 Minuten
🔥 114 kcal pro Portion

Granatapfel-Dessert

Für 4 Portionen:

3 unbeh. Blutorangen
1 Granatapfel
10 g Butter
4 EL Grenadine-Sirup
4 EL Orangenlikör

Pro Portion: 1 g E, 20 g Kh, 2 g F

1. Die Orangen heiß waschen, sehr gut trockentupfen. Mit einem Zestenreißer oder einem scharfen Messer von ¼ Orange kleine Streifen abziehen. Beiseite legen.

2. Alle Orangen schälen, die weiße Haut dabei entfernen. Mit einem scharfen Messer die Segmente zwischen den Trennwänden herausschneiden; eventuelle Kerne entfernen.

3. Den Granatapfel mit den Fingern weich kneten, dann halbieren. Eine Granatapfelhälfte auf einer Zitronenpresse auspressen, den Saft durch ein Sieb gießen und beiseite stellen. Die andere Hälfte mit der Schnittfläche auf einen Teller stellen, mit einem Messerrücken darauf klopfen. So fallen die Kerne aus den weißen Zwischenhäuten. Die Kerne beiseite stellen.

4. Die Butter in einer Pfanne leicht erhitzen, den Grenadine-Sirup, die Orangenschalenstreifen und den Granatapfelsaft zufügen, einmal aufkochen lassen.

5. Die Orangenscheiben in den heißen Sud legen, wenden und mit Orangenlikör beträufeln. Dann herausnehmen, auf vorgewärmten Tellern anrichten, die Granatapfelkerne darüber streuen und heiß servieren.

Tipps: *Auch ohne Alkohol schmeckt das Dessert vorzüglich; verwenden Sie statt des Likörs eine halbe Orange mehr.*

Wenn Sie keinen Zestenreißer haben, schneiden Sie von einer Orange die Schale rundum in einem dünnen Streifen (ohne die weiße Haut) ab. Diesen Streifen in hauchdünne Streifchen schneiden.

Für den Grill: Ananas-Trauben-Spieße

30 Min. + 10 Min.
132 kcal pro Portion

1. Die Spieße 30 Minuten in Wasser einlegen, damit sie auf dem Grill nicht verbrennen.

2. Ananas mit einem scharfen Messer schälen, so dass möglichst alle Augen entfernt werden. Den harten Kern in der Mitte herauslösen. Aus den verbleibenden Teilen Stücke von ungefähr 2 bis 3 cm Dicke und Länge schneiden.

3. Braunen Zucker, Zimt- und Chilipulver in einer kleinen Schüssel gut miteinander vermischen.

4. Abwechselnd die Ananasstücke und die Weintrauben auf die Spieße stecken und mit der Zuckermischung bestreuen. Das Ganze etwa 20 Minuten ziehen lassen.

5. Anschließend auf den Grill legen und bei mittlerer direkter Hitze unter mehrfachem Wenden circa 5 bis 10 Minuten grillen, bis der Zucker golden karamellisiert ist. Den Zucker nicht zu dunkel werden lassen, denn dann wird er bitter. Spieße vom Grill nehmen und sofort servieren.

Tipps: *Die Spieße können Sie auch im Backofen zubereiten. Einfach in einer Auflaufform auf der obersten Schiene ca. 10 Minuten bei 200 °C backen.*

Je nach Menge des Chilipulvers lässt sich eine schärfere oder mildere Geschmacksnote erzielen, wenn Kinder dabei sind, lieber etwas weniger. Eine reife Ananas erkennt man daran, dass sich die Mittelblätter leicht herausziehen lassen. Fallen die Blätter jedoch von selbst heraus, ist sie wahrscheinlich überreif.

Für 4 Portionen:
½ reife Ananas
16 rote kernlose Weintrauben
4 EL brauner Rohrzucker
1 EL Zimtpulver
½ TL Chilipulver
außerdem: 4 Holzspieße (etwa 25 cm lang)

Pro Portion: 0 g E, 31 g Kh, 0 g F

⏲ 25 Min. + 45 Min.
🔥 230 kcal pro Portion

Für 1 Auflaufform:
700 g Brotreste, egal ob Weizen-, Grau-, Schwarz- oder Körnerbrot
500 g Obst, z. B. je ein 1 Apfel, Birne, Pfirsich
1 EL Rapsöl
100 g Butter
2 Pckg. Bourbon-Vanillezucker
100 g Zucker
300 ml Milch
3 Eier
1 TL geriebene Zitronenschale (optional)

Fruchtiges Pain Perdu

1. Den Backofen auf 180 °C (Ober-/Unterhitze) vorheizen. Das Brot in mundgerechte Stücke teilen, das Obst in 2 bis 3 cm große Würfel schneiden. Eine Auflaufform mit Öl ausfetten, Brot und Obst gemischt einfüllen. Die Butter schmelzen, Zucker und Vanillezucker dazugeben, dann die Milch, eine Prise Salz und evtl. 1 TL geriebene Zitrusschale.

2. Die Vanillemilch mit den Eiern verquirlen, über die Brot-Obst-Mischung in der Form füllen, etwa 45 Minuten backen. Zur Probe mit einem Zahnstocher hineinstechen. Wenn er beim Rausziehen sauber ist, ist das Pain perdu fertig.

Pro Portion: 7 g E, 68 g Kh, 10 g F

Tipp: *Am nächsten Tag lässt sich das Pain perdu kalt genießen oder in Scheiben in der Pfanne angebraten. Dazu schmecken Beeren oder Kirschen, auch aus dem Glas.*

Ananas-Tofu-Dessert

⏱ **10 Min. + 3 Std.**
🔥 **109 kcal pro Portion**

Für 4 Portionen:
¼ Vanilleschote
½ Ananas (ca. 500 g)
300 g Seidentofu
6 Messlöffel (= 6 g) Johannisbrotkernmehl (Löffel liegt der Packung bei)
1 TL rosa Pfefferbeeren

1. Die Vanilleschote mit einem spitzen Messer aufschlitzen und das Mark herauskratzen. Die Schale von der Ananas trennen und den inneren Strunk herausschneiden. Vier hauchdünne Scheiben abschneiden, den Rest des Fruchtfleisches in mundgerechte Stücke teilen.

2. 250 g Ananasfruchtfleisch mit Tofu und Vanillemark in den Mixer geben und fein zerkleinern. Nach Geschmack (z. B. mit Agavendicksaft) süßen. Johannisbrotkernmehl kurz untermixen.

3. Die restlichen Ananasstücke in vier Schälchen füllen, die Creme darübergeben und kalt stellen. Zum Servieren mit den Ananasscheiben und den grob gehackten rosa Pfefferbeeren anrichten.

Pro Portion: 4 g E, 16 g Kh, 3 g F

Info: *Rosa Pfefferbeeren sind nicht mit echtem Pfeffer verwandt und bringen neben einer milden Schärfe auch eine leicht süßliche Note mit.*

⏱ 20 Minuten
🔥 725 kcal pro Portion

Knusperdinkel mit Obst und Nüssen

1. Frische Himbeeren verlesen, gefrorene 2–3 Stunden vorher auftauen lassen. Nüsse mittelfein hacken, ggf. Dinkelreis kochen.

2. Die Walnüsse auf einen flachen Teller legen. In einem Topf mit dickem Boden 4 EL Zucker so lange rühren, bis er bräunt und flüssig wird, also karamellisiert. Den flüssigen Zucker mit einem Löffel über die Walnusskerne träufeln und erkalten lassen. Vorsicht, flüssiger Zucker ist sehr heiß!

3. Die Hälfte der Beeren (eventuell mit 1–2 EL Wasser) aufkochen, mit 1–2 EL Honig abschmecken, den Rest der Beeren darunterrühren, vom Feuer ziehen.

4. Etwas Butter zergehen lassen, die gehackten Nüsse mit 2 EL Zucker darin rösten. Den Dinkelreis unterrühren und alles gut durchrösten. Mit Beeren und Joghurt servieren, dabei mit den karamellisierten Walnüssen dekorieren.

Pro Portion: 18 g E, 115 g Kh, 21 g F

Tipp: *Für ein schnelles Frühstück können Dinkel, Obst und Nüsse schon am Abend vorbereitet werden. Am Morgen kommt nur noch der Joghurt dazu.*

Für 4 Portionen:
4 Walnusskerne

300 g Himbeeren (frisch oder gefroren)

70 g gemischte Nüsse (z. B. Wal- und Haselnüsse)

150 g gekochter Dinkelreis (oder Vollkornreis, Graupen)

200 g Joghurt (3,5 % Fett)

außerdem: Zucker, Honig, Butter

⏲ 15 Min. + 45 Min.
🔥 307 kcal pro Portion

Für 8 Portionen:
500 g reife Stachelbeeren
100 g Butter
150 g Zucker
150 g Mehl
1 Msp. Zimt
abgeriebene Schale von ½ unbeh. Zitrone oder Orange
Vanillesauce
500 ml Milch
Mark von 1 Vanilleschote
30 g Zucker
1 EL Speisestärke
100 g Magerquark

Pro Portion: 6 g E, 51 g Kh, 14 g F

Stachelbeer-Crumble

1. Den Backofen auf 200 °C (Umluft 180 °C, Gas Stufe 3½) vorheizen.

2. Die Stachelbeeren putzen, waschen, trockentupfen. Die Auflaufform mit wenig Butter ausstreichen. Die Stachelbeeren darin verteilen und mit der Hälfte des Zuckers bestreuen.

3. Die Form in den Backofen, mittlere Schiene, setzen und 15 Minuten backen.

4. Inzwischen aus dem restlichen Fett, Mehl, Zucker, Zimt und Zitronenschale von Hand Streusel bereiten. Gleichmäßig über die Stachelbeeren verteilen. Das Ganze bei gleicher Temperatur im Backofen dann weitere 30 Minuten backen.

5. Für die Sauce etwas von der Milch abnehmen. Die Vanilleschote längs halbieren und das Mark herauskratzen. Die Schote und das Mark in die restliche Milch geben. Den Zucker einstreuen und die Milch aufkochen. Die Vanilleschote herausnehmen.

6. Die beiseite gestellte Milch und die Speisestärke verquirlen und in die heiße Milch rühren. Einmal aufkochen lassen. Von der Herdstelle nehmen, in ein flaches Gefäß gießen, unter Rühren abkühlen lassen. Den Quark einrühren.

7. Die heißen Stachelbeeren sofort mit der Sauce servieren.

Tipps: *Die Milch brennt nicht an, wenn Sie den Zucker in die kalte Milch streuen. Dann nicht umrühren, bis die Milch kocht.*

Feiner wird die Vanillesauce, wenn sie mit einem Eigelb legiert und das Eiweiß steif geschlagen untergehoben wird.

Sie können den Stachelbeer-Crumble auch als kalte Süßspeise servieren und statt Vanillesauce gesüßte Schlagsahne reichen.

⏱ 30 Min. + 3 Std.
🔥 365 kcal p. P. (bei 6)

Hopfauer Apfelspeise

1. Die Äpfel waschen, vierteln, Blütenansatz und Stiel entfernen, das Kerngehäuse jedoch unbedingt belassen. In einen Schnellkoch- oder Dampfdrucktopf füllen, mit Zitronensaft beträufeln, gut umwenden, damit alles schön hell bleibt. Ein Stück Zitronenschale zufügen. Ebenso die Gewürze und den Zucker sowie die Salzprise.

2. Den Topf nach Vorschrift verschließen, rasch zum Kochen bringen und unter Druck setzen. Die Äpfel etwa 5 bis 8 Minuten weich dünsten. Nach Vorschrift abdampfen lassen und den Topf öffnen.

3. Alles in ein Passiersieb schütten und durchdrehen. Das Apfelmus nochmals abschmecken, eventuell mit Zucker die Süße korrigieren, schließlich abkühlen, kalt stellen und fest werden lassen.

4. Zum Servieren das Mus in Portionsgläser oder -schälchen verteilen. Die Schokolade auf einem guten Hobel in feine Raspel schneiden. Die Sahne ohne weitere Süße steif schlagen. Jeweils auf dem Apfelmus als Haube verteilen. Zum Schluss mit Schokoraspel bestreuen. Eine Himbeere als Dekoration obenauf setzen.

Pro Portion: 2 g E, 52 g Kh, 15 g F

Für 4 bis 6 Portionen:
- 1,2 kg aromatische Äpfel
- 1 Zitrone
- 2 Gewürznelken
- nach Belieben auch je 1 Stück Zitronengras, Sternanis oder Chilischote (frisch oder getrocknet)
- ½ Zimt- oder Vanillestange
- 100 g Zucker
- 1 Prise Salz
- 200 g Sahne
- 100 g Edelbitterschokolade
- evtl. einige frische Himbeeren

⏲ 15 Min. + 25 Min.
🔥 300 kcal pro Portion

Haferrisotto mit Erdbeeren

Für 4 Portionen:

400 g Erdbeeren
(frisch oder gefroren)

150 g Haferkerne

440 ml Kokosmilch

außerdem:
Honig, Minze, frische Früchte,
evtl. geröstete Mandelsplitter

1. Haferkerne waschen und abtropfen lassen. Mit ca. 250 ml Wasser zum Kochen bringen. Sobald das Wasser kocht, die Hitze stark reduzieren, sodass der Hafer gerade noch köchelt. Zugedeckt 20 Minuten köcheln lassen, zwischendurch gelegentlich umrühren. Dann mindestens 20 Minuten zum Ausquellen in eine Decke packen.

2. Inzwischen frische Erdbeeren waschen, den Stiel entfernen, gefrorene Früchte auftauen lassen.

3. Von frischen Erdbeeren einige zum Garnieren beiseitelegen. Die restlichen Erdbeeren pürieren und mit 1–2 EL Honig abschmecken. Die gegarten Haferkerne unter das Fruchtpüree rühren.

4. Die Kokosmilch glatt rühren und nach Geschmack mit etwas Honig süßen. Das Erdbeer-Haferrisotto auf Tellern anrichten, die kalte Kokosmilch darum verteilen. Mit Früchten wie Himbeeren oder Blaubeeren und Minzeblättchen garnieren.

5. Einen besonderen Biss erhält das Risotto, wenn Sie geröstete Mandelsplitter darübergeben.

Pro Portion: 6 g E, 30 g Kh, 18 g F

Tipps: *Besonders gut schmeckt das Dessert, wenn die Kokosmilch gut gekühlt wurde, also sehr kalt bis eiskalt ist.*

Himbeeren und Erdbeeren sind sehr empfindlich. Einmal tiefgefroren und wieder aufgetaut, schmecken sie zwar gut, ihre Struktur hat aber deutlich gelitten. Aufgetaute Blaubeeren machen sich da optisch besser.

FRUCHTIGES

⏱ 25 Minuten
🔥 208 kcal pro Portion

Aprikosen mit Nusssauce

1. Für die Nusssauce die Vanilleschote längs aufschlitzen und das Mark herauskratzen. Etwas Milch mit der Speisestärke verquirlen. Restliche Milch, Vanillemark, Zucker und Salz aufkochen. Speisestärkemischung einrühren, einmal aufkochen lassen. Den Topf von der Kochstelle nehmen. Die Nusspaste einrühren.

2. Die Aprikosen waschen, trockentupfen, halbieren und entsteinen. Mit der Schnittfläche nach unten mit 1 Esslöffel Wasser in einen Topf geben und zugedeckt etwa 2 bis 3 Minuten garen. Sobald Dampf entweicht, sind die Aprikosen ausreichend gar.

3. Die Aprikosen auf vorgewärmte Teller geben, mit der Nuss-Vanille-Sauce übergießen und mit den Haselnüssen bestreut servieren.

Pro Portion: 6 g E, 25 g Kh, 9 g F

Tipps: *Feiner im Geschmack und optisch attraktiver – jedoch nicht vollwertiger – wird das Dessert, wenn Sie die Aprikosen häuten.*

Statt Haselnüsse können Sie zum Bestreuen auch Walnüsse oder gehackte Pistazien verwenden.

Für 4 Portionen:

Nusssauce
- ½ Vanilleschote
- 500 ml Milch
- ½ EL Speisestärke
- 30 g Zucker oder 2 EL Honig
- 1 Prise Salz
- 25 g Nusspaste (gibt es im Reformhaus oder Bioladen)

Aprikosen
- 300 g reife Aprikosen
- 1 EL Haselnüsse, gemahlen oder gehackt und leicht angeröstet

FRUCHTIGES

⏱ 35 Min. + 4 Std.
🔥 229 kcal pro Portion

Mocca-Parfait

Für 4 Portionen:

60 g Zartbitterschokolade
30 g Pinienkerne
1 Ei
20 g Zucker
80 ml Sahne
2 EL Espressopulver
Zimt
Muskatnuss
4 Espressobohnen

Pro Portion: 6 g E, 13 g Kh, 17 g F

1. Die Schokolade in Stücke brechen und in eine kleine Metallschüssel geben. Im Wasserbad bei niedriger Hitze schmelzen lassen, dabei gelegentlich umrühren. Schüssel aus dem Wasserbad nehmen und geschmolzene Schokolade etwas abkühlen lassen.

2. Pinienkerne in einer beschichteten Pfanne ohne Fett hellbraun rösten und fein zermahlen. Das Ei trennen. Eigelb mit dem Zucker zu einer schaumigen Masse aufschlagen. Dann das Eiweiß und die Sahne jeweils getrennt steif schlagen.

3. Die Schokolade mit Eigelbcreme, gemahlenen Pinienkernen, Espressopulver, Zimt und Muskatnuss verrühren. Zuletzt den Eischnee und die Sahne unterziehen.

4. Nun die Masse in 4 kältebeständige Förmchen (je 100 ml Inhalt) einfüllen und für 4 Stunden abgedeckt ins Gefrierfach stellen. Vor dem Servieren mindestens 30 Minuten im Kühlschrank antauen lassen und mit je 1 Espressobohne dekorieren.

⏱ 30 Min. + 8 Std.
🔥 462 kcal pro Portion

Stollen-Parfait mit Orangensalat

Für 4 Portionen:

100 g Stollen
250 ml Sahne
2 EL Orangen- oder Quittenlikör
3 Eigelb
50 g Zucker
1 Prise Salz

Orangensalat

2 Orangen (besonders gut: Blutorangen)
2 EL Orangenlikör
Zucker
evtl. einige Tropfen Zitronensaft

1. Den Stollen zerkrümeln, in einer Schüssel mit einigen Esslöffeln Sahne benetzen, auch den Likör darüber träufeln. Gut durchweichen lassen. In der Zwischenzeit die Eigelb im Wasserbad mit dem Handrührer zu einer dicken, hellen Creme heiß schlagen, dabei den Zucker hinzurieseln lassen und die Salzprise zufügen. Unter die warme Creme den eingeweichten Stollen mischen.

2. Am Ende die restliche Sahne steif schlagen und in zwei Portionen unter die Eiermasse ziehen.

3. Eine halbrunde Parfait- oder eine Kastenform mit Klarsichtfolie auskleiden, die Parfaitmasse einfüllen. Mit Folie abdecken. Im Gefrierer über Nacht fest werden lassen.

4. Für den Orangensalat die Früchte mit dem Messer bis aufs Fleisch schälen – die dünne weiße Haut dabei mit abschneiden. Jetzt mit einem kleinen Officemesser das Fruchtfleisch keilförmig aus den Häuten schneiden. Über einer Schüssel arbeiten, damit herabtropfender Saft aufgefangen wird. Die Schnitze in diesen Saft legen, mit Orangenlikör und Zucker, eventuell auch mit etwas Zitronensaft würzen.

5. Zum Servieren das Parfait aus der Form lösen, in fingerdicke Scheibe schneiden. Auf Desserttellern anrichten, mit dem Orangensalat umkränzen.

Pro Portion: 6 g E, 40 g Kh, 29 g F

Ananaseis mit Ingwer und Kokos

⏱ 10 Min. + 3 Std.
🔥 86 kcal pro Portion

1. Das Ananasfleisch in Würfel schneiden, mit Honig, Ingwer und Kokossahne mischen und fein pürieren. Die Masse in 1 bis 2 kleine Gefrierbeutel füllen und für mindestens 3 Stunden ins Tiefkühlfach legen. Alle 30 Minuten kneten, damit sich keine großen Eiskristalle bilden.

2. Zum Servieren mit dem Eiskugelformer oder einem Löffel in Dessertschalen anrichten. Mit frischer Minze oder Melisse dekorieren.

Pro Portion: 3 g E, 25 g Kh, 3 g F

Tipp: *Nehmen Sie die Kokossahne aus dem Getränkekarton – die ist meist besser als die aus der Dose, vor allem auch nicht gesüßt; was zwar hier nichts ausmachen würde, aber der geschmacklichen Veränderung wegen dennoch nicht empfehlenswert ist.*

Variante: *Nach Gusto kann man das Ananaseis auch mit Chili würzen – frische rote Thaichilischote entkernen, klein würfeln und mit pürieren. In diesem Fall das Eis zum Ausgleich stärker süßen, mindestens 5 EL Honig unterrühren. Auf das fertig angerichtete Eis winzige Würfel von Chili als Dekoration verteilen.*

Für 4 Portionen:

- 300 g Ananasfleisch (geschält, von den Augen befreit)
- 3 EL Honig oder Rohrzucker (50 g)
- 1 TL gewürfelter Ingwer
- 100 g Kokossahne (siehe Tipp)
- außerdem: 1–2 Gefrierbeutel (1 Liter)

KALTES

⏲ 30 Min. + 3 Std.
🔥 180 kcal pro Portion

Kiwi-Sorbet

Für 4 Portionen:

- 4 Kiwis von je 90–100 g
- 250 ml Sekt, Wein oder Wasser
- 100 g Zucker
- 2 Pckg. Vanillezucker
- 2 EL Zitronensaft
- 10–15 Pistazienkerne
- etwas frische Zitronenmelisse oder Minze

1. Sekt, Wein oder Wasser mit Zucker in einem Topf aufkochen und so lange rühren, bis sich der Zucker gelöst hat. Die Flüssigkeit abkühlen lassen.

2. Die Kiwis schälen, klein schneiden und durch ein Sieb streichen.

3. Die Kiwimasse mit dem Wein, Wasser oder Sekt, Zitronensaft und Vanillezucker verrühren. In eine runde, mit kaltem Wasser ausgespülte Schüssel füllen, ins Gefrierfach stellen und 3 Stunden gefrieren lassen. Währenddessen etwa jede halbe Stunde mit dem Schneebesen kräftig umrühren, bis das Püree halbgefroren ist, dabei aber noch schaumig wirkt.

4. Zum Servieren das Kiwi-Sorbet mit einem Eisportionierer oder mit zwei Esslöffeln zu Kugeln formen, in Gläsern oder auf Tellern anrichten und mit den Pistazien bestreuen.

Pro Portion: 1 g E, 40 g Kh, 1 g F

Tipp: Soll das Sorbet für einen späteren Zeitpunkt vorbereitet werden, muss es in einem verschlossenen Behälter im Gefrierfach aufbewahrt werden. Wenn man es dann etwa ½ Stunde vor dem Servieren aus dem Gefrierfach nimmt und in den Kühlschrank stellt, lässt es sich leichter portionieren.

⊠ 25 Min. + 3 Std.
⊠ 80 kcal pro Portion

Amarettoparfait

1. Eigelb und Zucker mit dem Mandellikör weiß-schaumig schlagen, die sehr steif geschlagene Sahne untermischen.

2. Amarettini in einem Tiefkühlbeutel mit einer Teigrolle so zerbröseln, dass auch gröbere Stücke bleiben, unter den Sahnemix geben. Alles in eine Gefrierform füllen.

3. Den Sirup großflächig darüberträufeln und mit einer Gabel vorsichtig unterrühren, sodass er sichtbare Schlieren bildet. Mindestens 3 Stunden einfrieren.

4. Zum Servieren Kiwi schälen und in sehr dünnen Scheiben um das Parfait legen.

Pro Portion: 3 g E, 22 g Kh, 19 g F

Für 4 Portionen:
2 Eigelb
50 g Zucker
200 g Sahne
2 TL Mandellikör
50 g Amarettini
2 EL roter Sirup, am besten Grenadine
2–3 Kiwi

20 Min. + 4,5 Std.
270 kcal pro Portion

Himbeer-Joghurtschaum

Für 6 Portionen:

300 g Himbeeren
6 Blätter weiße Gelatine
200 ml Milch
7 EL Zucker
1 Pckg. Vanillezucker
500 g Joghurt (1,5 % Fettgehalt)
1 unbeh. Orange
200 ml Schlagsahne
evtl. Zitronensaft

1. Falls tiefgefrorene Himbeeren verwendet werden, gleich zu Beginn zum Auftauen herausnehmen.

2. Gelatine 10 Minuten in kaltem Wasser einweichen, tropfnass in 6–7 EL Milch erwärmen und auflösen. Restliche Milch, 4 EL Zucker und den Vanillezucker dazugeben, Joghurt unterrühren. Orangenschale abreiben, Orangensaft ausdrücken, beides zur Creme geben. Kühl stellen, bis die Masse halb steif geliert ist (gut 1 Stunde).

3. Sahne steif schlagen, 1 EL Zucker dazugeben. Die halb gelierte Joghurtmasse mit dem Rührbesen aufschlagen, Sahne darunterziehen. Eventuell mit Zitronensaft abschmecken.

4. Aufgetaute oder frische Himbeeren mit 1 bis 2 EL Zucker pürieren, unter einen Teil der Creme ziehen, eventuell 1 EL Himbeergeist dazugeben. Mit der weißen Mousse schichtweise in eine Schale oder mehrere Gläser füllen. Mindestens 3 Stunden, besser noch über Nacht kalt stellen.

Pro Portion: 25 g E, 48 g Kh, 12 g F

Tipps: *Die Creme pur – ohne Himbeeren – ist, mit Krokant oder Minze garniert, eine gute Begleitung für alle möglichen Früchte.*

Variante: *Für eine zimtige Variante verrühren Sie 3 Päckchen Vanillezucker mit 1 TL Zimt und geben diese Mischung zusammen mit der Orangeschale zu der Mousse. Gut dazu: pürierte Aprikosen mit Amarettini, frische Feigenviertel mit etwas Portwein oder Balsamicocreme (je 250 ml Balsamico und Apfelsaft auf sämige Konsistenz einkochen) übergossen.*

⏱ 10 Min. + 3 Std.
🔥 148 kcal pro Portion

Kirschgranita auf Sharonfrüchten

Für 3 Portionen:
- 1 TL oder 1 Teebeutel Früchtetee
- 150 g Süßkirschen
- 2 Sharonfrüchte
- 1 unbeh. Limette

Pro Portion: 1 g E, 32 g Kh, 1 g F

1. Früchtetee mit 150 ml kochendem Wasser überbrühen, 10 Minuten ziehen lassen.

2. Kirschen waschen, entsteinen und mit dem abgekühlten Früchtetee im Mixer fein zerkleinern. Die Masse in einer flachen Schüssel 3 Stunden in die Tiefkühltruhe stellen, alle 30 Minuten kräftig durchrühren.

3. Sharonfrüchte waschen, trocknen, den Stielansatz herausschneiden, das Fruchtfleisch in dünne Spalten schneiden. Von der gewaschenen Limette 2 TL Schale abreiben. Limette halbieren und auspressen. Saft und Schale mit den Sharonspalten in eine Schüssel geben und kühl stellen.

4. Zum Servieren Sharonspalten in Martinigläser legen und die Granita darüber verteilen.

Info: *Sharonfrüchte kann man mit Schale essen.*

Birnen-Vanille-Tofu-Eis

⏱ 10 Min. + 5 Std.
🔥 186 kcal pro Portion

1. Vanilleschote mit einem Messer aufschlitzen und vorsichtig das Mark herauskratzen. Die Birnen waschen, putzen, schälen und in kleine Stücke schneiden.

2. Nun alle Zutaten fein pürieren. Anschließend die Masse abgedeckt für 5 Stunden in den Tiefkühlschrank stellen, dabei jede Stunde mit dem Schneebesen durchschlagen, damit sich keine Kristalle bilden.

Info: *Fett und Zucker machen ein Eis cremig – deshalb ist dieses selbst gemachte etwas härter. Lassen Sie es deshalb 1 Stunde vor dem Essen im Kühlschrank antauen. Sie können natürlich eine Eismaschine für die Zubereitung verwenden.*

Variante: *Sie können ebenso 250 g Apfelmus mit einer Prise Zimt in das Eis mischen, anstatt Birne und Vanille – das ergibt ein winterliches Eisvergnügen.*

Für 4 Portionen:
½ Vanilleschote
250 g weiche Birnen
200 g Seidentofu
50 g Halbfettmargarine
1 Prise Salz
80 g Zucker

Pro Portion: 3 g E, 28 g Kh, 7 g F

⏱ 20 Min. + 3 Std.
🔥 190 kcal pro Portion

Geeister Zitronenschaum

Für 6 Portionen:
2 unbeh. Zitronen
2 Eier
75 g Zucker
200 g Sahne
½ Apfel

Pro Portion: 3 g E, 15 g Kh, 13 g F

1. Eine Zitrone abreiben, beide ausdrücken.

2. Eier trennen, Eigelb mit 55 g Zucker, dem Abrieb und 2 TL Zitronensaft schaumig schlagen.

3. Sahne steif schlagen, vorsichtig unterrühren.

4. Beide Eiweiß mit 1 EL Zitronensaft und 10 g Zucker steif schlagen, mit 4 EL Zitronensaft unter den Sahnemix rühren, mindestens 3 Stunden einfrieren, besser 2 Tage, damit sich das Aroma entwickeln kann.

5. Zum Servieren den halben Apfel schälen, lange streichholzförmige Stäbchen daraus schneiden, 1 EL Zitronensaft und 10 g Zucker untermischen. So werden die Stäbchen nicht braun und gleichzeitig aromatischer. Um die Eisportionen legen.

⏱ 30 Min. + 90 Min.
🔥 510 kcal pro Portion

Blitz-Panna Cotta an Balsamico-Erdbeersauce

Für 4 Portionen:

500 g Sahne
90 g Zucker
1 Vanilleschote
1 Tütchen Agartine (Fertigprodukt)
1 TL Speisestärke
300 g Erdbeeren, auch gefroren
1 kleiner EL dunkler Balsamico
1 Stiel Minze oder Basilikum (optional)

1. Sahne mit 40 g Zucker erhitzen. Die Vanilleschote der Länge nach aufschneiden, das Mark mit einem kleinen Löffel herauskratzen und zur Sahne geben, eventuelle Klümpchen mit dem Stabmixer glatt rühren. Schote ebenfalls in den Topf, alles unter Rühren ungefähr 10 Minuten köcheln lassen. Aufpassen, die Sahne brennt leicht an. Etwas abkühlen lassen. Die Schote herausfischen und erneut auskratzen, Mark untermischen. Speisestärke mit Agartine mischen, einrühren, etwa 2 Minuten köcheln lassen.

2. Zum Abkühlen in eine Schüssel oder kleine Förmchen füllen. Nicht abdecken, sonst sammelt sich Kondenswasser auf der Sahnecreme. In kleinen Förmchen gekühlt ist die Panna cotta nach etwa 90 Minuten verzehrfertig. Wenn Sie sie aus einer größeren Schüssel stürzen wollen, dauert es etwas länger.

3. Erdbeeren gegebenenfalls auftauen lassen. Im Mixer mit 50 g Zucker fein pürieren, mit dem Balsamico abschmecken. Wenn Sie Minze oder Basilikum zur Hand haben: sehr fein hacken und zum Schluss unterrühren.

Pro Portion: 4 g E, 31 g Kh, 40 g F

Tipps: *Die Panna cotta lässt sich leichter stürzen, wenn Sie die Formen kurz in warmes Wasser stellen. Und falls sie keine Vanilleschote im Haus haben, gehen ersatzweise auch 2 Beutel echter Vanillezucker.*

⏱ 25 Minuten
▭ 299 kcal pro Portion

Nuss-Maronen-Creme auf Trauben

1. Die Walnüsse hacken und in einer beschichteten Pfanne ohne Fett rösten, bis sie duften. Die Orange waschen, trocken tupfen, Schale oberflächlich abreiben und den Saft auspressen.

2. Maronen mit dem Seidentofu und Kakaopulver sehr cremig pürieren, dabei Honig und Orangensaft- und schale zufügen.

3. Die Trauben waschen, halbieren und entkernen. Auf vier Teller verteilen und die Creme darauf anrichten. Mit den Nüssen bestreuen.

Pro Portion: 7 g E, 41 g Kh, 12 g F

Variante: *Rühren Sie eventuell etwas Milch unter den Magerquark, damit eine cremige Konsistenz entsteht und süßen Sie ihn mit etwas Honig. Alternativen zu Trauben sind milde Obstsorten wie Birne, Pfirsich, Mango oder Melone.*

Für 4 Portionen:
50 g Walnüsse
1 unbeh. Orange
150 g Maronen (vorgegart)
150 g Seidentofu
1 EL Kakaopulver
2 EL Honig
400 g dicke, gelbe Weintrauben

CREMIGES

⏱ 10 Minuten
✱ 388 kcal pro Portion

Für 2 Personen:

180 g griechischer Joghurt (10 % Fett)

1 EL Zucker

3 große Schokoküsse

8 große Amarettini (alternativ 20 kleine)

130 g tiefgekühlte Beeren (angetaut)

Pro Portion: 7 g E, 48 g Kh, 17 g F

Cremige Beerenküsse

1. Joghurt mit Zucker cremig rühren. Die Waffeln von den Schokoküssen entfernen und die Schokoküsse so mit dem Joghurt verrühren, dass sie leicht zerbrechen, aber noch gut sichtbar bleiben.

2. Die Hälfte der Joghurt-Küsse-Masse in eine Auflaufform geben, mit den zerbröselten Amarettini bestreuen. Die nur angetauten Beeren über die Masse verteilen, mit der restlichen Joghurt-Küsse-Masse bedecken und sofort servieren.

Variante: *Anstelle von Schokoküssen passt auch Baiser (etwa 25 g). Das brauchen Sie nur grob zerbröseln und unter die Creme heben.*

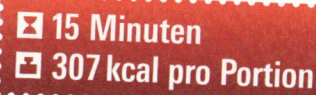
⏱ 15 Minuten
🔥 307 kcal pro Portion

Rhabarberkompott mit Quarkcreme

Für 4 Portionen:
600 g Rhabarber
3 EL Zucker
500 g Magerquark
150 g Sahne oder Milch
2 Pckg. Vanillezucker
1–2 EL Honig

1. Rhabarber putzen, waschen und in 2 cm große Stücke schneiden. Mit Zucker und 2 EL Wasser in einem Topf aufkochen lassen und bei niedriger Hitze etwa 8 Minuten weich köcheln lassen.

2. In einer Schüssel, Quark, Sahne, Zucker und Honig verrühren. In 4 Trinkgläser mit etwa 300 ml Inhalt schichtweise Kompott und Quarkcreme füllen.

Pro Portion: 19 g E, 29 g Kh, 12 g F

CREMIGES

20 Min. + 3 Std.
120 kcal pro Portion

Himbeer-Buttermilch-Dessert

Für 4 Portionen:
5 Blatt weiße Gelatine
500 ml Buttermilch
3 EL Grenadine- oder Himbeersirup
etwas Zitronensaft
2 leicht gehäufte EL Zucker (30 g)
150 g Himbeeren (frisch oder tiefgefroren)

1. Die Gelatineblätter in kaltem Wasser einweichen.

2. Währenddessen die Buttermilch und Grenadine- oder Himbeersirup, etwas Zitronensaft und Zucker in einer Schüssel verrühren.

3. Die Gelatine ausdrücken und tropfnass in einem Topf im Wasserbad auflösen. Von der Buttermilchmischung etwa ein Drittel in die aufgelöste Gelatine rühren, diese dann in die restliche Buttermilchmischung rühren. Die Mischung im Kühlschrank erkalten lassen.

4. Inzwischen die Himbeeren verlesen, abtupfen, nicht waschen und die Blütenansätze entfernen. Tiefgefrorene Himbeeren auftauen lassen. Einige Himbeeren zum Garnieren beiseite legen.

5. Sobald die Buttermilchmasse zu gelieren beginnt, mit dem Schneebesen kräftig aufschlagen.

6. Einen Teil der Himbeeren in Dessertschalen füllen, die Buttermilchcreme darüber geben; erneut kalt stellen und fest werden lassen.

7. Zum Servieren mit den beiseitegelegten Himbeeren garnieren.

Pro Portion: 6 g E, 21 g Kh, 1 g F

Tipps: *Sie können die Früchte, je nach Saison, variieren. Infrage kommen z. B. Erdbeeren, Johannisbeeren oder Brombeeren.*

In Suppentassen oder -tellern angerichtet, kann diese Speise auch als Vorsuppe, das heißt Kaltschale, für ein sommerliches Menü serviert werden. Für die Kaltschale verwenden Sie einfach 2 Blatt Gelatine weniger.

- 10 Minuten
- 106 kcal pro Portion

Süßes Pinienkern-Maronen-Mus

Für 4 Portionen:
- 100 g gelbe Rosinen
- 100 g Pinienkerne
- 150 g Maronen, vorgegart
- 1 EL Kakaopulver
- 3 EL Holundersirup
- 3 EL Rapsöl

Pro Portion: 2 g E, 11 g Kh, 6 g F

1. Rosinen heiß abwaschen und mit 2 EL heißem Wasser beträufeln. Die Pinienkerne in einer beschichteten Pfanne ohne Fett anrösten, bis sie duften.

2. Die Maronen mit Kakaopulver, Sirup und Öl mit dem Mixer pürieren. Dann Rosinen und Pinienkerne zugeben und grob pürieren. Die Masse in ein Twist-off-Glas (Einkochglas) füllen.

Info: *Bei Lagerung im Kühlschrank hält sich die Creme bis zu zwei Wochen.*

Variante: *Statt Rosinen können Sie auch Datteln mitpürieren und Kakaopulver gegen Zimtpulver austauschen. Pinienkerne lassen sich problemlos durch Hasel-, Wal- oder Pecannüsse ersetzen.*

Maronencreme auf Mangospalten

☒ 20 Min. + 1 Std.
☐ 220 kcal pro Portion

1. Die Mango schälen und in Spalten vom Stein schneiden. Die Zitrone auspressen und den Saft mit Ahornsirup verrühren. Den Sirup über die Mangospalten träufeln und abgedeckt im Kühlschrank etwa 1 Stunde ziehen lassen.

2. Die Maronen mit 3 bis 4 EL Sahne im Mixer fein pürieren. Die restliche Sahne steif schlagen und das Maronenpüree unterheben. Die Sahne nach Geschmack süßen (z. B. mit Bourbon-Vanillezucker). Mangospalten auf vier Tellern anrichten, mit Kastaniensahne und etwas Schokosauce servieren.

Tipp: *Ein sättigendes Dessert – perfekt nach einem leichten Hauptgang.*

Info: *Schneller geht's mit Maronenpüree aus der Dose. Sie finden es in der Feinkostabteilung im Supermarkt.*

Für 4 Portionen:
1 Mango (400 g)
½ Zitrone
2–3 EL Ahornsirup
100 g gegarte Maronen (vakuumverpackt)
150 ml Sahne
Schokosauce

Pro Portion: 2 g E, 23 g Kh, 12 g F

Tipps: *Die restliche Vanilleschote (längs halbiert) in ein Glas mit etwa 100 g Zucker stecken; so ist selbst gemachter Vanillezucker vorrätig.*

Für dieses Dessert sollte milder, also Joghurt mit vorwiegend rechtsdrehender Milchsäure verwendet werden.

Joghurt-Mousse

⏲ 40 Min. + 3 Std.
🔥 260 kcal p. P. (bei 8)

1. Die Erd- oder Himbeeren putzen, waschen, trockentupfen. Die Früchte in eine Schüssel geben und mit Zucker bestäuben. Zugedeckt beiseite stellen.

2. Für die Mousse die Gelatine in kaltem Wasser etwa 10 Minuten einweichen.

3. Vanilleschote längs halbieren, das Mark herauskratzen und mit Zucker, Joghurt und Zitronensaft verrühren.

4. Die Gelatineblätter ausdrücken und tropfnass in einem kleinen Topf im heißen Wasserbad auflösen. Mit etwas Joghurt verrühren. Den restlichen Joghurt unterrühren. In einer Porzellanschüssel für 10 bis 20 Minuten in den Kühlschrank stellen.

5. Inzwischen die Schlagsahne steif schlagen. Sobald die Joghurtmasse beginnt fest zu werden, die Schlagsahne vorsichtig unterheben. Erneut in den Kühlschrank stellen. Währenddessen die Früchte mit dem Pürierstab zerkleinern und durch ein feines Sieb streichen.

6. Zum Servieren das Fruchtpüree auf 6 bis 8 flache Teller verteilen. Von der Joghurt-Mousse mit einem in warmes Wasser getauchten Esslöffel jeweils 2 Portionen abstechen und vorsichtig auf den Fruchtspiegel setzen. Mit abgespülten und trockengetupften Zitronenmelisse oder Minzblättchen garnieren.

Für 6–8 Portionen:
Fruchtpüree
250 g Erd- oder Himbeeren
25 g Puderzucker
Mousse
5 Blatt weiße Gelatine
½ Vanilleschote
50 g Puderzucker
500 g milder Joghurt, 3,5 % Fett
1–2 TL Zitronensaft
250 ml Schlagsahne
zum Garnieren
3 Stiele Zitronenmelisse oder frische Minze

Pro Portion: 5 g E, 21 g Kh, 16 g F

- 20 Min. + 1 Tag
- 193 kcal pro Portion

Quark-Mousse

Für 4 Portionen:
250 g Magerquark
1–2 EL Honig
1 TL Vanillezucker
abgeriebene Zitronenschale
1–2 EL Zitronensaft
1 Prise Salz
150 g Sahne
250 g Erdbeeren (oder andere Früchte der Saison)
1–2 TL Zucker
1 EL Orangenlikör
evtl. kandierte Veilchen zum Dekorieren

1. Quark mit Honig, Vanillezucker, Zitronenschale und Zitronensaft sowie der Salzprise in eine Schüssel füllen. Mit dem Pürierstab einmal durchfahren, bis alles glatt und gut gemischt ist.

2. Die Sahne steif schlagen. Mit einem Gummischaber unter die Quarkmasse heben, sie damit gleichmäßig auflockern.

3. Ein rundes Küchensieb mit einem Blatt Küchenpapier auslegen, die Quarkmasse einfüllen, das Sieb vorsichtig aufklopfen, damit sich die Mousse darin schön gleichmäßig verteilt. – Daran denken, dass die Kugelform des Siebs der Speise nachher seine Form verleiht. Über eine Schüssel hängen und bis zum nächsten Tag in den Kühlschrank stellen.

4. Zum Servieren die Mousse auf einen Teller stürzen, das Küchenpapier abziehen. Erdbeeren (oder andere Früchte) in Scheibchen schneiden, mit Zucker und Orangenlikör vermischt eine halbe Stunde marinieren.

5. Dann rund um die Mousse hübsch anrichten. Mit kandierten Veilchen dekorieren.

Pro Portion: 10 g E, 11 g Kh, 12 g F

⏲ 20 Min. + 3 Std.
🔥 178 kcal pro Portion

Heidelbeer-Mousse auf Mohnsauce

Für 4 Portionen:

1 EL Mohn
1 EL gemahlene Mandeln
125 ml Milch (1,5 % Fett)
2 EL Sahne
1 Eigelb
150 g Heidelbeeren
¼ Vanilleschote
½ Pckg. Instant-Gelatine (25 g)
100 ml roter Traubensaft
250 g Naturjoghurt (3,5 % Fett)

Pro Portion: 9 g E, 12 g Kh, 10 g F

1. Für die Sauce Mohn und Mandeln mit Milch in einem Topf erhitzen. Sahne und Eigelb verquirlen, mit einem Schneebesen in die heiße (nicht kochende) Milch rühren. Sauce abkühlen lassen, eventuell süßen und kalt stellen.

2. Heidelbeeren waschen und abtropfen lassen. Vanilleschote aufschlitzen und das Mark herauskratzen. Beeren mit Vanillemark im Mixer fein zerkleinern. Gelatine in den Traubensaft einrühren, mit dem Joghurt zu den Beeren geben und kurz untermixen, dabei nach Geschmack süßen. Die Heidelbeer-Joghurt-Masse in eine flache Schüssel geben und abgedeckt mindestens 3 Stunden in den Kühlschrank stellen.

3. Mit zwei Esslöffeln Nocken von der Creme abstechen und auf vier Teller anrichten. Die Mohnsauce neben die Nocken geben.

Tipp: *Die Mohnsauce erst abschmecken, wenn sie lauwarm abgekühlt ist. Sonst gerät Ihnen die Sauce eventuell süßer, als Ihnen lieb ist.*

30 Min. + 8 Std.
190 kcal pro Portion

Kürbiscreme

1. Die Gelatine in kaltem Wasser einweichen. Den Kürbis in Spalten teilen und die Kerne mit einem Löffel herauskratzen. Das Fruchtfleisch von der Schale schneiden und grob würfeln. Das Kürbisfruchtfleisch mit 3 bis 4 EL Wasser und dem Sternanis zugedeckt etwa 15 bis 20 Minuten in einem Topf dünsten. Den Kürbis von der heißen Herdplatte nehmen und den Sternanis entfernen. Die Gelatine in der Hand etwas ausdrücken und im heißen Kürbiskompott auflösen.

2. 1 TL Zitronenschale mit einer feinen Reibe abreiben, die Zitrone auspressen. Die Sahne in einen Mixer geben und cremig schlagen. Kürbis, Zitronensaft und -schale sowie den Joghurt dazugeben und fein zerkleinern. Nach Geschmack süßen und in vier Schälchen füllen. Über Nacht im Kühlschrank fest werden lassen.

3. Die Nüsse in einer beschichteten Pfanne ohne Fett rösten, bis sie aromatisch duften, abkühlen lassen und über die Creme streuen.

Info: *Dieses Dessert enthält weniger als 1 g Fruktose und ist daher auch für die geeignet, die diesen Zucker nicht vertragen.*

Für 4 Portionen:
- 4 Blatt Gelatine
- ½ kleiner Kürbis, z. B. Hokkaido oder Butternut (400 g)
- 1 Sternanis
- ½ unbeh. Zitrone
- 150 ml Schlagsahne
- 150 g Naturjoghurt (1,5 % Fett)
- 2 EL Haselnussblättchen

Pro Portion: 5 g E, 6 g Kh, 15 g F

⏱ 30 Min. + 30 Min.
🔥 360 kcal pro Portion

Geschichtete Rhabarber-Erdbeerspeise

1. Rhabarber waschen, Enden entfernen und in etwa 1,5 cm große Stücke schneiden. Mit Saft, Zucker und Zimt bei mittlerer Hitze aufkochen. Zugedeckt 8 Minuten dünsten, bis er weich ist, abkühlen lassen.

2. Erdbeeren waschen, putzen, vierteln, einige Erdbeeren ganz lassen und beiseitelegen. Die Erdbeerstücke mit dem abgekühlten Kompott vermischen. Quark, Joghurt und Vanillezucker zu einer glatten Creme verrühren. Hefezopf in hauchdünne Scheiben, dann in Streifen schneiden.

3. Eine flache Form (ca. 27 cm × 16 cm) mit Hefezopfstreifen auslegen, einen Teil des Obstmix darauf verteilen und mit einem Teil der Quarkmasse bedecken. Genauso weiter schichten, bis alle Zutaten verbraucht sind, mit Quark abschließen.

4. Für mindestens 30 Minuten im Kühlschrank durchziehen lassen. Vor dem Servieren mit etwas Zimt bestäuben und dekorativ einige Erdbeeren aufsetzen.

Für 4 Portionen:
500 g Rhabarber
200 ml roter Traubensaft
50 g Zucker
1 Msp. Zimtpulver
250 g Erdbeeren
350 g Magerquark
250 g fettarmer Joghurt 1,5 %
2 Pckg. Vanillezucker
200 g altbackener Hefezopf

Pro Portion: 19 g E, 61 g Kh, 2 g F

⏱ 15 Min. + 3 Std.
🔥 506 kcal pro Portion

Für 4 Portionen:

1 Mango

100 ml Mangopüree (gibt es im Asia-Laden)

100 ml Milch

3 EL Zucker

400 g Mascarpone

1 unbeh. Limette

1 Papaya

1 EL Zitronenmelisse, gehackt (oder 1 EL Minze)

1 EL weiße Schokoladenstreusel

Mangocreme

1. Mango schälen, entkernen und in kleine Würfel schneiden, mit dem Mangopüree vermengen und in 4 Gläser aufteilen.

2. Milch mit Zucker verrühren, bis sich dieser auflöst. Mascarpone dazugeben. 1 TL Schale fein von der Limette abreiben. Unter die Mascarponecreme rühren. Über die Mango verteilen.

3. Papaya halbieren, entkernen, schälen und in kleine Würfel schneiden. Zitronenmelisse mit den Papayastücken vermischen und auf die Mascarponecreme verteilen. Kalt stellen.

4. Mangocreme zum Servieren aus dem Kühlschrank nehmen und mit den weißen Schokoladenraspeln bestreuen.

Pro Portion: 6 g E, 25 g Kh, 41 g F

Papaya-Himbeer-Schichtcreme

15 Min. + 30 Min.
144 kcal pro Portion

1. Papaya halbieren, die Kerne heraustrennen und die Schale entfernen. Fruchtfleisch grob würfeln, mit der Hälfte des Joghurts und dem Zitronensaft in den Mixer geben. 2 Messlöffel Johannisbrotkernmehl zufügen und alles fein zerkleinern.

2. Himbeeren verlesen und eventuell kurz waschen. Mit der zweiten Hälfte des Joghurts und dem restlichen Johannisbrotkernmehl im Mixer fein zerkleinern. Beide Fruchtpürees nach Geschmack süßen.

3. Himbeercreme und Papayacreme abwechselnd in drei Gläser füllen und mindestens ½ Stunde in den Kühlschrank stellen. Je eine Makrone auf die Creme setzen und servieren.

Pro Portion: 3 g E, 16 g Kh, 6 g F

Infos: Schon ein Viertel der täglich benötigten Ballaststoffe sind in einer Portion enthalten.

Johannisbrotkernmehl ist ein pflanzliches Bindemittel, das nahezu ohne Kalorien kalte und warme Speisen bindet. Sie erhalten es im Reformhaus, ein Messlöffel liegt der Packung bei.

Für 3 Portionen:
- 1 kleine Papaya (300 g)
- 150 g Naturjoghurt (10 % Fett)
- 2 EL Zitronensaft
- 4 Messlöffel (= 4 g) Johannisbrotkernmehl (Löffel liegt der Packung bei)
- 300 g Himbeeren
- 3 kleine Makronen (Amaretti)

4
SCHOKOLADIGES

⏱ 15 Min. + 3 Std.
🔥 260 kcal pro Portion

Schokomousse – ganz ohne Sahne

1. Espresso zubereiten, ersatzweise starken Kaffee, auskühlen lassen. Die Eier trennen, das Eiweiß mit 1 Prise Salz schaumig schlagen. Wenn es anfängt, Spitzen zu ziehen, den Zucker unterrühren, bis er sich gelöst hat.

2. Die Schokolade in Stücke brechen, im Wasserbad mit dem Espresso langsam schmelzen lassen. Nach Geschmack Eigelb oder Alkohol oder beides unterrühren, bis die Masse schön cremig ist.

3. Zunächst 3 Löffel des steif geschlagenen Eiweiß mit einem Löffel unter die Schokomasse rühren. Diesen Mix dann zum restlichen Eiweiß geben, vorsichtig unterziehen. In einer Schüssel zugedeckt mindestens 3 Stunden kühl stellen.

4. Zitronensaft und Puderzucker mischen. Die Birnen eventuell schälen, entkernen, die halbierten Hälften fächerförmig aufschneiden, mit dem Puderzucker-Zitronen-Mix bestreichen. Auf die Mitte der Teller legen, jeweils etwas Mousse dazu.

Für 4 Portionen:
- 60 ml Espresso
- 4 Eier, möglichst frisch
- 20 g Zucker
- 100 g dunkle Schokolade, mindestens 70 % Kakaoanteil
- 3–4 EL Armagnac oder Mandellikör (optional)
- 1 EL Zitronensaft
- 1 EL Puderzucker
- 2 kleine Birnen

Pro Portion: 9 g E, 14 g Kh, 16 g F

Schokoknusper hell und dunkel

⏱ 15 Minuten
▢ 65 kcal pro Keks

1. Die Schokolade mit einem scharfen Messer grob zerkleinern und helle und dunkle Schokolade in getrennten Töpfen oder nacheinander schmelzen: Wasser in einem Topf erhitzen, einen kleineren Topf hineinhängen, darin erst 75 % der Schokolade schmelzen, dann den Rest ohne Hitzezufuhr einrühren.

2. Cornflakes und Mandeln auf zwei Schüsseln aufteilen und die eine Hälfte mit dunkler, die andere Hälfte mit weißer Schokolade übergießen. Alles gründlich mischen. Die Schokoschicht wird recht dünn, die Flakes bleiben zum Teil sichtbar. Ein Backblech mit Backpapier auslegen, die Schokoknusper mit 2 Esslöffeln in kleinen Häufchen darauf verteilen, das ergibt pro Blech 20 bis 25 Stück. Abkühlen lassen.

Pro Portion: 1 g E, 8 g Kh, 3 g F

Für je 1 Blech (etwa 20 Kekse):
150–175 g Cornflakes, ungesüßt
25 g Mandeln, gehackt oder gehobelt

dunkle Knusperflakes
50 g Vollmilchschokolade
50 g Zartbitterschokolade

helle Knusperflakes
100 g weiße Schokolade

Tipps: *Statt Mandeln machen sich auch getrocknete Cranberries oder Kirschen gut. Einen kleinen Aromakick geben einige Tropfen Bittermandelaroma oder etwas geriebene Zitronen- oder Orangenschale.*

Damit die Schokolade hinterher schön glänzt und nicht fleckig wird, beim Schmelzen nicht zu heiß werden lassen – Körpertemperatur reicht. Deshalb auch einen Teil der Schokolade erst zum Schluss ohne Hitzezufuhr unterrühren und schmelzen.

⏱ 30 Min. + 35 Min.
🔥 290 kcal pro Stück

Leichte Schokotorte

Für eine Form (26 cm Ø):

250 g dunkle Schokolade (etwa 70 % Kakaoanteil)

6 Eier

200 g Puderzucker oder feiner Kristallzucker

1 TL Zitronensaft

400 g Preiselbeeren-Konfitüre

3 EL Rum oder Likör (ersatzweise Orangensaft)

1. Ofen auf 180 °C vorheizen. Zwei Tafeln Schokolade (à 100 g) kleinbrechen, im Wasserbad (oder in der Mikrowelle) verflüssigen, leicht abkühlen lassen.

2. Eier trennen. Eigelb und Zucker schaumig schlagen, separat Eiweiß mit Zitronensaft sehr steif schlagen. Die abgekühlte, noch flüssige Schokolade mit dem Eigelb-Zucker-Schaum verrühren, Eiweißmasse vorsichtig darunterheben.

3. Die Mischung in eine mit Backpapier ausgelegte Tortenform geben, im vorgeheizten Ofen etwa 35 Minuten backen.

4. Abgekühlt auf eine Tortenplatte stürzen. Preiselbeeren mit Rum verrühren, über die Torte streichen. Mit dem Sparschäler von der restlichen Schokolade Schokoraspeln herstellen, über die Torte streuen.

Pro Stück (bei 12): 5 g E, 48 g Kh, 10 g F

Tipps: *Die Backzeit genau einhalten, damit die Torte innen saftig bleibt. Noch saftiger wird sie, wenn Sie vor dem Backen 100 ml Sahne unterrühren. Dann sollten Sie aber die Konfitüre sparsamer verwenden.*

Orangen- oder Ingwerkonfitüre anstelle von Preiselbeeren geben eine andere Note. Zwei Teelöffel Espressopulver im Teig und Kaffeebohnen als Garnitur machen sie zur Mokkatorte.

Ob dunkel oder hell: 100 g Schokolade haben rund 550 kcal. Trotzdem lohnt es sich, zur dunklen Schokolade zu greifen, denn sie soll besonders viele Phenole enthalten, die günstig auf Herz und Kreislauf wirken.

SCHOKOLADIGES

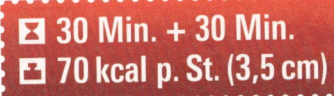

Brownies – Pralinen vom Blech

1. Ofen auf 170 °C vorheizen. Eier und Zucker schaumig rühren, bis sich der Zucker gelöst hat.

2. Schokolade in Stücke brechen, im Wasserbad schmelzen, dabei je 100 g Schokolade 1 EL Wasser und 20 g Butter dazugeben. Geschmolzene Schokolade nach und nach mit der Zucker-Ei-Mischung verrühren.

3. Vorsichtig das Mehl untermischen.

4. Schokomasse auf ein gut gefettetes Backblech mit hohem Rand (Fettpfanne) geben. Im vorgeheizten Ofen auf der untersten Position 25 bis 30 Minuten backen (Umluft ist nicht gut geeignet). Der Teig muss in der Mitte noch leicht einzudrücken und feucht-cremig sein. Bei Zimmertemperatur abkühlen lassen.

Pro Blech: 90 g E, 950 g Kh, 320 g F

Tipps: Etwas ungewöhnlich, aber sehr interessant: Nehmen Sie 50 bis 75 g weniger Zucker und geben dafür 2 bis 3 TL frische oder getrocknete Kräuter (Rosmarin, Thymian, Lavendel) beim Schmelzen dazu. Oder: Mit 1 bis 2 TL Chiliflocken erzielen Sie einen feinen Schoko-Chili-Effekt.

Für ein Blech:
6 Eier
500 g Zucker
600 g dunkle Schokolade (50 % Kakaoanteil)
120 g Butter
180 g Mehl

⏱ 30 Minuten
🔥 586 kcal pro Portion

Mousse au Chocolat

Für 4 Portionen:

- 200 g dunkle Schokolade
- 4 EL Sahne
- 50 g weiche Butter
- 4 frische Eier
- 6 EL feiner Zucker
- 1 EL Zesten von 1 unbeh. Orange
- 1 EL Cointreau
- 1 EL Weinbrand
- 1 Prise Salz

1. Schokolade in Stücke brechen, in eine Schüssel geben und langsam über einem heißen Wasserbad schmelzen, nicht zu heiß werden lassen. Sobald sie geschmolzen ist, Sahne und Butter unterrühren.

2. Eier trennen. Eigelb mit 3 EL Zucker in einer Metallschüssel über dem heißen Wasserbad schaumig schlagen, bis sich der Zucker vollständig aufgelöst und die Masse ihr Volumen mindestens verdoppelt hat. Wichtig ist, dass die Schüssel nie Kontakt mit dem Wasser hat. Die flüssige Schokolade, Orangenzesten, Cointreau und Weinbrand unterrühren.

3. Eiweiß mit 1 Prise Salz steif schlagen. Zum Schluss 3 EL Zucker hineinrieseln lassen. Etwa ein Drittel des Eischnees ordentlich unter die Mousse rühren, den Rest vorsichtig unterheben. Für mindestens 3 Stunden im Kühlschrank kalt stellen.

Pro Portion: 11 g E, 55 g Kh, 34 g F

Variante: *Ohne Alkohol – Cointreau und Weinbrand weglassen und dafür einen Schuss Sahne mehr.*

⏱ 20 Min. + 2 Std.
🔥 473 kcal pro Stück

Toffee Tarte

1. Butter schmelzen. Butterkekse in einem Gefrierbeutel fein zerbröseln. Mit 1 Prise Salz und der Butter zu einem Teig kneten und in einer Springform verteilen: Den Boden dabei bedecken und einen 2 cm hohen Rand formen.

2. Zucker in einer heißen Pfanne karamellisieren lassen. Die Pfanne öfter schwenken. 2 Bananen mit der Milch in einem hohen Gefäß pürieren. Sobald der Zucker geschmolzen ist und goldene Blasen wirft, die Bananenmilch dazugeben und unter ständigem Rühren in 2 Minuten vermischen. Gleichmäßig auf dem Keksboden verteilen und ins Gefrierfach stellen.

3. Die restlichen 2 Bananen schälen, in schräge Scheiben schneiden und kreisförmig auf der mittlerweile fast kalten Torte auslegen. Die Sahne steif schlagen und auf den Bananenscheiben verteilen, die Schokoladensauce mit einem Löffel in großen Kreisen auf die Sahne geben, nicht untermischen, es soll eine Marmorierung entstehen. Mit der geraspelten Schokolade bestreut servieren.

Pro Stück: 4 g E, 46 g Kh, 29 g F

Für 8 Stücke:

100 g Butter
200 g Butterkekse
1 Prise Salz
4 EL Zucker
4 reife kleine Bananen
100 ml Milch
300 ml Schlagsahne
2 EL Schokoladensauce
100 g geraspelte Schokolade

⏱ 25 Min. + 20 Min.
🔥 400 kcal pro Portion

Schokorisotto mit Vanille-Äpfeln

Für 4 Portionen:

120 g Gerste

100 g Schokolade (mindestens 70 % Kakao)

2 Äpfel

100 ml Milch

außerdem: Honig, Butter, Bourbon-Vanillezucker

1. Gerste sehr gut waschen und abtropfen lassen. Mit der doppelten Menge Wasser zum Kochen bringen, dann die Hitze stark reduzieren. 25 Minuten zugedeckt weiterköcheln lassen, dabei gelegentlich umrühren. Mindestens 20 Minuten in eine Decke wickeln und ausquellen lassen.

2. Schokolade hacken und bei sanfter Hitze schmelzen. Mit Milch und 2 EL Honig glatt rühren. Die Gerste in die Schokoladenmischung einrühren, alles einmal aufkochen.

3. Äpfel halbieren, Kerngehäuse entfernen und in Spalten schneiden. In einer beschichteten Pfanne 2 EL Butter zergehen lassen, 2 EL Vanillezucker einstreuen. Die Apfelspalten in der Vanillebutter ringsum kurz anbraten, ohne dass die Butter zu rauchen beginnt.

4. Das Risotto in Gläser oder Schalen füllen, mit den heißen Äpfeln garnieren und nach Geschmack mit etwas Vanillebutter beträufeln.

Pro Portion: 6 g E, 54 g Kh, 17 g F

Tipp: Versuchen Sie statt der Äpfel doch mal Birnen, winterlich gewürzt mit Zimt oder Ingwer. Oder Kirschen aus dem Glas, in der Pfanne flambiert.

Chocolate Chip Cookies

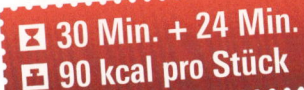
⏱ 30 Min. + 24 Min.
🔥 90 kcal pro Stück

1. Backofen auf 180 °C vorheizen, zwei Backbleche mit Backpapier bereitstellen. Schokolade mit dem Messer grob hacken.

2. Mit dem Elektrorührer die weiche Butter mit Zucker und Salz vermischen, dann zwei Eier nacheinander unterrühren. Mehl mit Backsoda gemischt ebenfalls darunterrühren. Der Teig sollte jetzt ziemlich fest sein. Dann die gehackten Schokostückchen kurz mit einem Löffel einarbeiten.

3. Mit der Hand kleine Kügelchen aus jeweils etwa 1 TL Teig formen, insgesamt 25 bis 35 mit Abstand voneinander auf ein Backblech setzen. Die Kekse werden während des Backens sehr viel flacher. 11 bis 12 Minuten backen. Die Kekse außerhalb des Ofens auf dem Blech auskühlen lassen, sie werden dabei fester. Mit dem zweiten Blech ebenso verfahren.

Tipp: *Sie finden die Kekse innen zu trocken? Jeder Backofen hat seine Eigenheiten. Versuchen Sie es mal mit niedrigen Temperaturen: 15 Minuten bei nur 150 °C.*

Varianten: *Schokoteig: Für dunklen Schokoteig rechnen sie 350 g Mehl plus 30 g Kakao (etwa 3 EL). Dann gehackte weiße Schokolade dazugeben.*

Für Erdnussfans: Insgesamt nur 300 g Mehl rechnen, dann werden die Kekse flacher (eventuell sind 3 Bleche nötig). 150–200 g gehackte Erdnüsse dazugeben. Für die Füllung im Wasserbad 1 Tafel Schokolade schmelzen, mit 5–6 EL Erdnussbutter mischen. Die Füllung zwischen zwei flache Kekse geben.

Für 50 bis 70 Stück:
300 g Schokolade, dunkel
200 g Butter, weich
130 g Zucker, braun
130 g Zucker, weiß
2 Pckg. Vanillezucker (2–3 EL)
1 TL Salz
2 Eier
380 g Mehl
1 TL Backsoda (Natron)

Pro Stück (bei 60): 1 g E, 10 g Kh, 5 g F

⏱ 25 Minuten
🔥 355 kcal pro Stück

Espressotorte

Für 16 Stücke:

- 150 g Schokolade, Vollmilch
- 120 g Schokolade, dunkel
- 2 EL Espresso
- 200 g Crème fraîche
- 300 g Orangenmarmelade
- 8 EL Orangensaft, evtl. Rum
- 1 Wiener Boden, dreilagig hell
- 250 g Sahne
- evtl. 1 Tüte Sahnefestiger
- 50 g Schokolade, dunkel, zum Garnieren
- 1–2 EL Kakao

1. Schokolade langsam im Wasserbad schmelzen und unter Rühren abkühlen. Mit Espresso und Crème fraîche schaumig aufschlagen (Elektrorührer). Orangenmarmelade mit Saft erhitzen, eventuell etwas Rum dazugeben. Die Orangenschalen herausfischen und beiseitelegen.

2. Auf den unteren Boden die Hälfte der Marmelade streichen, dann die Hälfte der Espressocreme. Den zweiten Boden nur mit Creme, den obersten nur mit Marmelade bestreichen. Die Böden aufeinandersetzen.

3. Die Torte rundherum mit geschlagener, gezuckerter Sahne (eventuell mit Sahnefestiger) bedecken. Dunkle Schokolade schmelzen, mit den Zinken einer Gabel über die Torte verteilen, ebenso die Orangenschalen.

Pro Stück (bei 16): 5 g E, 45 g Kh, 15 g F

Tipps: *Der normierte Geschmack vorgefertigter Kuchenböden schwindet auch, wenn Sie Konfitüre, Sirup oder Likör darübergeben.*

Noch repräsentativer wird die Torte mit mehr Etagen: Auf die Böden einen Deckel oder Teller mit 18 oder 20 cm Durchmesser drücken, den Rand abschneiden, aus den Abschnitten 1 bis 2 zusätzliche Böden in der Mitte der Torte zusammensetzen, wie beschrieben füllen und bestreichen.

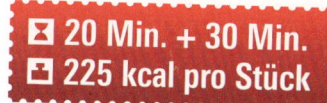
⏱ 20 Min. + 30 Min.
🔥 225 kcal pro Stück

Apfelkuchen

1. Mehl mit Nüssen und Hefe in eine große Schüssel geben. Zucker, zimmerwarmen Apfelsaft, Öl und 1 Prise Salz hinzugeben. Alles gut vermengen und bearbeiten, bis der Teig nicht mehr so klebt. Eventuell noch etwas Saft zugeben. Etwa eine Stunde an einem warmen Ort gehen lassen.

2. Äpfel vierteln, Kerngehäuse entfernen, in dünne Spalten schneiden. Zitrone auspressen und über die Apfelspalten geben.

3. Den Backofen auf 200 °C vorheizen. Springform einfetten. Den Teig auf einer bemehlten Fläche in Springformgröße ausrollen, in die Form legen und dicht mit Äpfeln und Cranberries belegen.

4. Den Kuchen für ca. 10 Minuten bei 200 °C vorbacken. Anschließend 20 Minuten bei 180 °C zu Ende backen.

5. Fruchtaufstrich durch ein Sieb streichen und auf dem warmen Kuchen verteilen.

Pro Stück: 3 g E, 35 g Kh, 8 g F

Variante: *Gelingt auch mit Pflaumen und einer Prise Zimt oder Aprikosen oder Stachelbeeren sehr gut.*

Für 1 Springform (26 cm ø):
Hefeteig
200 g Weizenmehl Type 1050
50 g Walnüsse
1 Pckg. Trockenhefe
2 EL Zucker
ca. 100 ml Apfelsaft
5 EL Rapsöl, 1 Prise Salz

Belag
1 kg Äpfel (z. B. Boskoop)
1 Zitrone
50 g getrocknete Cranberries
100 g Aprikosenfruchtaufstrich

45 Min. + 15 Min.
213 kcal pro Portion

Topfen-Palatschinken

Für 14 Stück:

Füllung
500 g Magerquark
100 g Zucker
2 Eier
½ unbeh. Zitrone
75 g Rosinen

Palatschinken
3 Eier
375 ml Milch
150 g Mehl
20 g Zucker
1 Prise Salz
etwa 50 ml Rapsöl
250 ml saure Sahne

1. Quark, 80 g Zucker und 2 Eigelb schaumig schlagen. Zitrone waschen, Schale fein abreiben und auspressen. Zitronenschale, 2 EL Saft und Rosinen in die Masse rühren. Eiweiß steif schlagen, unterziehen.

2. Eier mit 250 ml Milch und 60 ml Wasser in einer Schüssel mischen. Dann Mehl, den restlichen Zucker und 1 Prise Salz hineinrühren, bis ein glatter Teig entsteht.

3. Backofen auf 175 °C vorheizen. Etwas Öl in einer beschichteten Pfanne erhitzen, eine kleine Schöpfkelle Teig darübergeben und durch kreisende Bewegungen der Pfanne zu einer gleichmäßig dünnen Schicht in der Pfanne verteilen.

4. Palatschinken bei mittlerer Hitze auf jeder Seite ungefähr 2 Minuten goldbraun backen. Auf Küchenpapier abtropfen lassen und den restlichen Teig gleichermaßen backen.

5. Je 2 EL vom Quark-Mix auf den Palatschinken verteilen, zusammenrollen und in eine große gefettete Auflaufform legen. Zum Schluss saure Sahne und 125 ml Milch vermengen und die Palatschinken damit begießen, auf mittlerer Schiene 15 Minuten backen.

Pro Portion: 10 g E, 23 g Kh, 8 g F

Tipp: *Dazu passt Rhabarber- oder Kirschkompott. Oder eine Aprikosencreme aus eingeweichten, pürierten Trockenaprikosen.*

Kaiserschmarrn mit Zwetschgenkompott

20 Minuten
517 kcal pro Portion

1. Für das Kompott die unbehandelte Orange auspressen. 2 cm × 3 cm dünne Streifen Schale abreiben. Saft und Schale mit Portwein, Zimtstangen, Sternanis und 2 bis 3 EL Zucker in einem großen Topf aufkochen und köcheln lassen. Zwetschgen waschen, halbieren, entsteinen und nach 5 Minuten in den Sud geben, noch einmal aufkochen, dann abkühlen lassen.

2. Für den Teig Eier trennen. Eigelb mit dem Mehl, 2 EL Zucker und 1 Prise Salz in einer Schüssel mit dem Schneebesen zu einem glatten Teig verrühren. Dann die Rosinen mit einem Teigschaber unterheben. Die 4 Eiweiß mit einem Mixer steif schlagen, dabei weitere 2 EL Zucker langsam einrieseln lassen. Den Schnee unter den Teig heben.

3. In einer großen beschichteten Pfanne bei kleiner Hitze 2 EL Butter zerlassen. Den Teig in die Pfanne geben und zugedeckt 6 bis 8 Minuten backen. Schmarrn auf einen Teller oder den Pfannendeckel gleiten lassen, noch mal 2 EL Butter in die Pfanne geben, den Schmarrn umgedreht in die Pfanne geben und in 2 bis 3 Minuten fertig backen. Noch in der Pfanne vorsichtig mit einer Gabel in Stücke reißen, mit Puderzucker bestäuben, leicht karamellisieren lassen und sofort auf Teller verteilen. Dort nochmals mit Puderzucker bestäuben. Mit dem Kompott servieren.

Pro Portion: 10 g E, 70 g Kh, 18 g F

Für 4 Portionen:
- 1 kleine unbeh. Orange
- 120 ml Portwein
- 2 Zimtstangen
- 2 Sternanis
- 6–7 EL Zucker
- 500 g Zwetschgen
- 4 Eier
- 80 g Mehl
- 1 Prise Salz
- 80 g Rosinen
- 4 EL Butter
- Puderzucker

45 Min. + 12 Std.
289 kcal pro Portion

Crème brûlée

Für 6 Portionen:

250 ml Milch

250 ml Sahne

1 Kolben Zitronengras oder 1 walnussgroßes Stück Ingwer oder 1 Chilischote oder 1 Vanilleschote oder Zitronen- oder Orangenschale

plus oder stattdessen einen entsprechenden Schnaps oder Likör zum Parfümieren

3–4 EL Zucker

4 Eigelb

Zucker zum Überflämmen und Glasieren

1. Milch und Sahne in einer Kasserolle aufkochen. Zitronengras, Ingwer, Chili oder Vanilleschote einlegen – jeweils fein gehackt, die Vanilleschote nur längs aufgeschlitzt – und etwa 10 Minuten neben dem Feuer durchziehen, also seinen Geschmack abgeben lassen.

2. Am Ende die gewürzte Sahnemilch mit Zucker aromatisieren und die verquirlten Eigelb einrühren. Alles sehr gründlich verquirlen, dann durch ein feines Sieb filtern und in eine Kanne mit Ausgießschnauze füllen. Damit lässt sich die Flüssigkeit leichter in Portionsschälchen (beispielsweise Souffléförmchen oder Dessertschalen) verteilen. Dabei in eine Bratenform oder die Fettpfanne des Backofens setzen. In den Ofen schieben, erst dort heißes Wasser angießen – sonst verschüttet man zuviel beim Transport, auch soll nichts vom Wasser in die Schälchen spritzen!

3. Bei 100 °C Heißluft oder 110 °C Ober- und Unterhitze eine Stunde stocken lassen. Im Ofen abkühlen, dann mit Klarsichtfolie abdecken und im Kühlschrank endgültig fest werden lassen. Davor zur Sicherheit den Garzustand überprüfen: Auf behutsamen Fingerdruck muss die Oberfläche hauchzarten Widerstand bieten. Zum Servieren die Crème mit Zucker bestreuen und mit dem Gasflämmer abbrennen, bis der Zucker appetitlich karamelisiert.

Pro Portion: 7 g E, 23 g Kh, 18 g F

⏱ 35 Minuten
🔥 560 kcal pro Portion

Vanilletoast mit Beerenconfit

1. Frische Beeren abstreifen und verlesen, gefrorene auftauen.

2. Ofen zum Warmhalten auf 100 °C vorheizen. Einige Beeren zur Dekoration beiseitelegen. Restliche Himbeeren mit 1 EL Puderzucker (eventuell mit 2–3 EL Wasser) 2–3 Minuten köcheln lassen. Blau- und Johannisbeeren ohne Erhitzen unter das Confit heben.

3. Milch, Sahne, ¼ TL Salz, 1 EL Zucker, 1 TL Vanille verrühren, die Eier hineingeben und alles miteinander verquirlen. Die Brotscheiben so in der Mischung wenden, dass sie gut umhüllt sind.

4. Pro Scheibe etwa 1 EL Butter in eine Pfanne, die Scheiben darin auf jeder Seite 2–3 Minuten bei sanfter Hitze ausbacken, im Ofen warm halten. Noch warm mit dem Beerenconfit servieren, Honig (oder Ahornsirup) nach Belieben darüberträufeln.

Pro Portion: 15 g E, 60 g Kh, 29 g F

Für 4 Portionen:
je 100 g Himbeeren, Blau- und Johannisbeeren (frisch oder gefroren)
je 125 ml Milch und Sahne
3 Eier
8 Scheiben Weißbrot (am besten vom Vortag)
125 g Butter
außerdem: Puderzucker, Salz, Zucker, gemahlene Bourbonvanille, Honig

⏲ 25 Min. + 30 Min.
🔥 116 kcal pro Stück

Zwetschgenkuchen

Für ca. 20 Stücke:

Hefeteig

300 g Mehl
20 g frische Hefe, etwa ½ Würfel
30 g Zucker
150 ml lauwarme Milch
30 g Butter
1 Prise Salz

Belag

1,5 kg Zwetschgen
2–3 EL Johannisbeergelee

außerdem

2 TL Butter für das Backblech
Mehl zum Ausrollen
1 EL Milch zum Bestreichen

Pro Stück: 2 g E, 23 g Kh, 1,5 g F

1. Für den Hefeteig das Mehl in eine Schüssel geben. In die Mitte die zerbröckelte Hefe mit einer Prise Zucker und etwas lauwarmer Milch geben. 15 Minuten zugedeckt gehen lassen.

2. Den fertigen Vorteig zusammen mit den restlichen Zutaten zu einem glatten Teig verkneten. Mit dem Handrührgerät (Knethaken) so lange rühren, bis der Teig glänzt und sich vom Schüsselrand löst. Den Teig aus der Schüssel nehmen und auf der leicht bemehlten Arbeitsfläche von Hand durchkneten. Zugedeckt gehen lassen, bis sich das Volumen des Teiges verdoppelt hat.

3. Die Zwetschgen abspülen, der Länge nach aufschneiden, entsteinen und an den Spitzen ein Drittel einschneiden.

4. Den Backofen auf 200 °C (Umluft 180 °C, Gas Stufe 3½) vorheizen. Den Teig noch einmal gründlich mit der Hand durchkneten und schlagen. 5 Minuten ruhen lassen.

5. Das Blech einfetten. Den Teig auf einer leicht bemehlten Fläche ausrollen und auf das Backblech legen, dabei den Rand hochziehen. Den Teig dünn mit Milch bestreichen. Die Zwetschgen nebeneinander schuppenartig auf den Teig setzen. Das Blech in den vorgeheizten Backofen, 2. Schiene von unten, setzen und etwa 30 Minuten backen.

6. Das Johannisbeergelee in einem kleinen Topf verrühren, aufkochen und die Zwetschgen rasch damit bestreichen.

Tipps: *Wird Zucker über die Früchte gestreut, sammelt sich Saft an. Werden sie dagegen mit verrührtem Johannisbeergelee bestrichen, wird die Saftbildung verhindert. Auch glänzen die Früchte schön, Konsistenz und Aroma werden aufgepeppt.*

Damit der Fruchtsaft nicht vom Kuchen läuft, können Sie den Teig, bevor Sie ihn mit den Zwetschgen belegen, auch mit Semmelbröseln, geriebenen Mandeln oder Nüssen bestreuen.

Leichte Obsttaretletts aus Quark-Öl-Teig

⏱ 20 Min. + 20 Min.
⊕ 213 kcal pro Portion

1. Backofen auf 200 °C vorheizen. Quark gut abtropfen lassen, dann 140 g davon mit den Mandeln, Öl, Zucker und Vanillezucker verrühren.

2. Das Mehl mit Backpulver mischen und unter den Quark kneten, wenn nötig noch etwas Wasser zufügen. Teig zur Rolle formen und in 10 gleich große Stück teilen. Ovale Plunderteilchen formen und einen kleinen Rand hochdrücken.

3. Für die Füllung die Beeren waschen und von den Stielen abstreifen. Vanillepudding mit restlichem Quark sowie dem Johannisbrotkernmehl verrühren. Beeren unterheben und die Teilchen damit befüllen.

4. Im heißen Ofen (Mitte) 20 Minuten goldbraun backen. Zum Schluss mit Puderzucker bestäubt und noch warm servieren.

Pro Portion: 0 g E, 29 g Kh, 7 g F

Info: *Dieser Teig enthält gesunde Fette durch Öl und Nüsse und viel Ballaststoffe durchs Mehl.*

Variante: *Schmeckt mit allen Beeren der Saison, z. B. Jostabeeren, Heidelbeeren, Himbeeren und Erdbeeren, aber auch mit Mangos oder Kiwis.*

Für ca. 10 Stück:

- 200 g Magerquark
- 50 g gemahlene Mandeln
- 4 EL Rapsöl
- 50 g Zucker
- 1 Pckg. Vanillezucker
- 250 g Weizenmehl Type 1050
- 1½ TL Backpulver
- 150 g Beeren der Saison, z. B. Johannisbeeren
- 150 g Vanillepudding (½ Becher, fettarm)
- 1 EL Johannisbrotkernmehl oder Speisestärke
- 1 EL Puderzucker

⏱ 15 Min. + 15 Min.
🔥 271 kcal pro Portion

Knuspriges Apfel-Nuss-Crumble

Für 4 Portionen:
2–3 Äpfel (ca. 500 g)
1 Stück Ingwer
3 EL Zitronensaft
1 Handvoll Rosinen
4 EL Rapsöl
70 g kernige Haferflocken
50 g Nüsse, Kerne oder Samen (z. B. gehackte Walnüsse, Kürbiskerne, Sesamsamen)
4 EL flüssiger Honig

1. Den Backofen auf 200 °C vorheizen. Die Äpfel waschen, vierteln, vom Kerngehäuse befreien und in kleine Würfel schneiden oder grob raspeln. Ingwer schälen und fein hacken. Beides mit Zitronensaft und Rosinen mischen.

2. Eine feuerfeste Form mit 1 EL Öl einpinseln und die Apfelstücke hineingeben.

3. Haferflocken mit Nuss-, Kern- oder Samenmix und Rosinen vermischen und über die Apfelwürfel verteilen. Erst mit Honig, dann mit restlichem Öl beträufeln.

4. Das Apfel-Crumble in den heißen Ofen schieben, in etwa 15 Minuten knusprig braun rösten. Wer will, kann es mit einem Klecks Vanillejoghurt oder Tofu-Vanillecreme servieren.

Pro Portion: 3 g E, 33 g Kh, 13 g F

Variante: *Die Rosinen gegen Cranberries austauschen und das Crumble mit Puderzucker bestäuben. Schmeckt auch mit Zwetschgen.*

Cranberry-Yufkateigstrudel

⏲ 30 Min. + 30 Min.
🔥 454 kcal pro Portion

1. Backofen auf 180 °C vorheizen. Backblech mit Backpapier auslegen. Äpfel waschen, vierteln, Kerngehäuse entfernen und grob hacken. Mandeln fein hacken oder mahlen.

2. Magerquark mit Zucker und 2 EL Öl cremig rühren. Mit den Cranberries unter den Apfelmix ziehen. Das restliche Öl mit 1 EL Wasser mischen. 1 Yufkateigblatt auf ein angefeuchtetes Küchenhandtuch legen und damit einpinseln. Die Ränder dabei etwa 5 cm frei lassen.

3. Diesen Vorgang mit allen Blättern wiederholen und anschließend alle Teigblätter etwas versetzt in Backblechgröße aufeinanderlegen. Dann die vorbereitete Quark-Frucht-Masse auf dem Teig verteilen. Dabei die Ränder 5 cm frei lassen.

4. Nun die Längsseiten einschlagen und mit dem Küchentuch zu einem Strudel einrollen und auf das Backblech legen. Strudel mit dem restlichen Öl bestreichen. Backblech mittig in den Ofen schieben und 30 Minuten backen.

Pro Portion: 10 g E, 60 g Kh, 19 g F

Variante: *Schmeckt auch mit Birnen statt Äpfeln, mit Rosinen statt Cranberries und mit anderen Nüssen.*

Für 6 Portionen:
- 650 g Äpfel
- 50 g ungeschälte Mandeln
- 150 g Magerquark
- 4 EL Zucker
- 70 g Rapsöl
- 50 g getrocknete Cranberries
- 3 Blätter Yufkateig (300 g)

⏱ 15 Min. + 15 Min.
🔥 407 kcal pro Portion

Honigbananen aus dem Ofen

Für 2 Portionen:
- 3 reife kleine Bananen
- 2 EL Cashewkerne
- 2 EL gesalzene Erdnüsse
- 2 EL Kokosflocken
- 15 ml Rum
- 50 ml Orangensaft
- 2 EL Honig
- Vanilleeis

1. Den Backofen auf 180 °C Ober- und Unterhitze vorheizen.

2. Die Bananen schälen, halbieren und in eine feuerfeste Auflaufform geben. Cashewkerne hacken.

3. Die Bananen mit den Cashewkernen, den Erdnüssen und den Kokosflocken bestreuen, mit Rum, Orangensaft und Honig übergießen und für 10 bis 15 Minuten backen. Das Ganze mit Vanilleeis reichen.

Pro Portion: 9 g E, 39 g Kh, 21 g F

⏱ 10 Min. + 60 Min.
🔥 360 kcal pro Portion

Vermicelles

1. Backofen auf 220 °C vorheizen. Ein Backblech mit Backpapier auslegen. Die Maronen kreuzweise mit einem Messer einritzen, auf das Blech geben und im Ofen 15 Minuten garen. Etwas abkühlen lassen und schälen.

2. In einem Topf die Milch zum Kochen bringen, die Maronen dazugeben und 45 Minuten weich köcheln. Anschließend die Maronen fein pürieren. Eventuell noch etwas Milch zugeben.

3. Kakao und Honig unter das Püree mischen, das Püree durch eine Spätzlepresse drücken und auf Tellern spaghettiförmig anrichten.

4. Sahne und Vanillezucker mischen, steif schlagen und die Vermicelles damit garnieren.

Variante: *500 g Hokkaidokürbisspalten mit den Maronen in Schritt 1 auf das Blech geben. Etwas salzen, alles mit Orangensaft beträufeln und 40 Minuten im Ofen garen.*

Für 4 Portionen:
- 400 g Maronen mit Schale
- 500 ml Milch (3,5 % Fett)
- 2 EL Kakaopulver (entölt)
- 3 EL Honig
- 100 g Sahne
- 1 Pckg. Vanillezucker

Pro Portion: 8 g E, 50 g Kh, 14 g F

GEBACKENES

⏲ 12 Min. + 8 Min.
🔥 72 kcal pro Röllchen

Knusprige Yufkaröllchen mit Dattel-Nuss-Füllung

Für 4 Personen:

100 g getrocknete Datteln, entsteint
20 g Pistazien
80 g Walnüsse
1 Apfel
½ TL Zimt
90 g Yufkateig (ca. 1 Blatt)
4 EL Rapsöl
4 EL Honig

1. Den Backofen auf 200 °C vorheizen. Für die Füllung Datteln, Pistazien und Walnüsse im Blitzhacker grob hacken. Den Apfel waschen, vierteln, das Kerngehäuse entfernen und ebenfalls im Blitzhacker mit Schale hacken. Zerkleinerten Apfel mit Nuss-Dattel-Mix und Zimt vermischen.

2. Die Yufkateigplatte ausbreiten, mit einem Mix aus Öl und Honig einstreichen und die Füllung gleichmäßig darauf verteilen. Die Platte längs halbieren, von der Schnittseite her eng einrollen, in ca. 27 kleine Röllchen schneiden.

3. Die Yufkaröllchen auf ein mit Backpapier belegtes Blech setzen. Im Ofen auf der mittleren Schiene in ca. 8 Minuten backen.

Pro Röllchen: 1 g E, 7 g Kh, 4 g F

Variante: *Schmeckt mit fertiger, süßer Mohnfüllung. Für herzhafte Hörnchen eine Oliven-Zwiebel-Füllung mit Tomatenmark und Basilikum verwenden.*

Klassische Waffeln

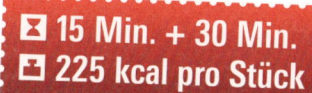
⏲ 15 Min. + 30 Min.
🔥 225 kcal pro Stück

1. Die Butter in einem Topf zerlassen. Wer einen herzhaften Geschmack erzielen will, erhitzt die Butter noch weiter, bis sie goldbraun wird und nach Haselnüssen zu duften beginnt. Butter abkühlen lassen.

2. Mehl und Backpulver in der Rührschüssel vermengen (Küchenmaschine). Nacheinander die Eier, Butter und Flüssigkeit zufügen, Salz und Zucker oder Honig unterrühren. Danach den Teig mindestens 10, besser 30 Minuten ruhen lassen.

3. In der Zwischenzeit das Waffeleisen aufheizen. Mit einer kleinen Suppenkelle oder einem Esslöffel ungefähr die Menge von 2 EL in das gefettete Waffeleisen geben und etwas verteilen. Das Waffeleisen schließen – wobei nichts herausquellen darf – und die Waffel goldgelb backen.

Pro Stück: 4 g E, 17 g Kh, 15 g F

Für 10 Stück:
125 g Butter
150 g Weizenmehl (Type 405)
½ TL Backpulver
3 Eier
200 ml Flüssigkeit (Milch, Sahne oder Wasser)
1 Prise Salz
50 g Zucker oder
3 EL Honig
Fett für das Waffeleisen

Tipp: *Auch wenn das Waffeleisen antihaftbeschichtet ist: Ein bisschen Fett tut gut. Entweder mit einem Pinsel zerlassene Butter auftragen oder – und das schmeckt besonders köstlich und ist eine ideale Resteverwertung – mit einer Speckwarte vom Bauchspeck abreiben.*

Varianten: *Mit Mohn: Zum Grundrezept einen Esslöffel mit in zerlassener Butter verrührtem, möglichst frisch gemahlenem Mohn geben.*

Mit Anis: Zum Grundrezept 1 TL im Mörser zerquetschten Anissamen geben und 2 EL Pastis (Pernod).

45 Min. + 30 Min.
267 kcal pro Portion

Stollensoufflé mit Waldbeersauce

Für 6 Portionen:

100 g Stollen
(oder anderes Gebäck)

100 g Sahne

2 Eigelb

3 EL Zucker

2 Eiweiß

1 Prise Salz

Butter und Zucker
für die Förmchen

Waldbeersauce

300 g gemischte Beeren
(Heidelbeeren, Himbeeren,
Brombeeren, Erdbeeren –
kann auch TK sein)

2–3 EL Zucker

1 Spritzer Zitronensaft

Pro Portion: 4 g E, 31 g Kh, 13 g F

1. Den Stollen in Würfel schneiden und in einer Schüssel mit der warmen Sahne (Mikrowelle höchste Stufe, 30 Sekunden) beträufeln. Zugedeckt 15 Minuten ziehen lassen, bis das Gebäck weich ist.

2. Die Eigelb in einen Rührkessel geben, 2 EL Zucker zufügen, über eine Kasserolle hängen, in der Wasser leise kocht. In diesem Wasserbad mit dem Handrührer schlagen, einige Minuten, bis eine dicke helle Creme entstanden ist. Das eingeweichte Gebäck zufügen und alles miteinander innig vermischen. Beiseite stellen.

3. In der Zwischenzeit in der Küchenmaschine (oder in einem zweiten Rührkessel mit den sauberen Rührschlägern) die Eiweiß mit der Salzprise langsam zu steifem Schnee schlagen, den Zucker hinzurieseln lassen. Schlagen, bis er nicht mehr knirscht und der Schnee dicht und weich ist. In zwei Portionen mit dem Gummischaber vorsichtig unter die Stollen-Eigelb-Masse heben.

4. Souffléeförmchen gut ausbuttern und mit Zucker ausstreuen. Die Masse darin verteilen, die Förmchen in eine Bratenform stellen und diese auf der mittleren Schiene in den auf 180 °C vorgeheizten Ofen setzen (Heißluft, 200 °C bei Ober- und Unterhitze). Soviel heißes Wasser angießen, dass die Förmchen bis knapp unter dem Rand in diesem Wasserbad stehen. Die Soufflés 18 bis 20 Minuten backen.

5. Für die Sauce unterdessen die Beeren mit Zucker verrühren und mit einem Spritzer Zitronensaft würzen. Durch die Flotte Lotte drehen, um alle Kernchen aufzufangen.

6. Zum Servieren einen Spiegel Sauce auf Desserttellern verteilen, die Soufflés aus ihren Förmchen lösen und auf der Sauce anrichten. Mit Puderzucker bestäuben und rasch servieren, dazu die restliche Sauce in einer Sauciere oder kleinen Schüssel dazu reichen.

Erdbeer-Sahne-Biskuit

⏱ 40 Min. + 30 Min.
🔥 230 kcal p. St. (bei 12)

1. Die Eier trennen. Zuerst die Eiweiß mit der Salzprise zu dichtem glänzenden Schnee schlagen. Dann die Eigelb weiß und dick schlagen, dabei den Zucker hinzurieseln lassen. Erst aufhören zu schlagen, wenn der Zucker völlig gelöst ist.

2. Mehl und Mandeln locker darüber sieben. Mit sparsamen Bewegungen rasch unterziehen. Sofort etwa ein Drittel des steif geschlagenen Eischnees untermischen. Erst wenn er die Teigmasse aufgelockert hat, den restlichen Schnee unterheben.

3. Ohne den Teig auch nur einen Moment stehen zu lassen in die ausgebutterte und mit Zucker ausgestreute Form füllen. Diesen Teigboden 30 Minuten bei 180 °C Heißluft (200 °C Ober- und Unterhitze) hellbraun backen.

4. Noch heiß aus der Form lösen und kopfüber gestürzt auf einem Kuchengitter auskühlen lassen. Danach auf eine mit Tortenspitze belegte Platte setzen, den Ring der Springform wieder darum schließen.

5. Inzwischen den Quark mit Zucker, Zitronenschale und -saft glatt rühren und abschmecken. Die steifgeschlagene Sahne unterziehen. Auf dem Tortenboden verstreichen. Den Ring gut damit ausfüllen. Die Erdbeeren dicht an dicht darauf setzen, dabei darauf achten, dass sie ein schönes Muster ergeben. Mit Puderzucker bestäuben.

6. Den Rand vorsichtig abnehmen. Und die Erdbeer-Sahnetorte sofort servieren – sie schmeckt frisch am allerbesten!

Tipps: *Sollten sich die Eigelb nicht gut verbinden, womöglich sogar ausflocken, einen Esslöffel lauwarmes Wasser zufügen.*

Der Quark sollte auf keinen Fall zu feucht sein, auch hier ist es am besten, man lässt ihn einen Tag in einem mit Küchenpapier ausgelegten Sieb abtropfen.

Für 1 Springform (26 cm Ø):

Biskuit

3 Eier

Salzprise

100 g Zucker

1 EL lauwarmes Wasser

60 g Mehl

60 g geriebene Mandeln

3 Eiweiß

Butter und Zucker für die Form

Belag

300 g Speisequark

2 EL Zucker

abgeriebene Zitronenschale und etwas Zitronensaft

200 g Schlagsahne

ca. 600 g Erdbeeren

Puderzucker

Pro Stück: 7 g E, 22 g Kh, 12 g F

⏱ 20 Min. + 35 Min.
🔥 594 kcal pro Portion

Ofenschlupfer

Für 4 Portionen:
600 g Äpfel
200 g Brotreste
3 Eier
50 g Zucker
1 TL Zimt
250 ml Milch
250 mg Joghurt
50 g gehackte Walnüsse
40 g Rosinen
40 g Butter
1 Pckg. Vanillezucker
1 El Puderzucker

1. Backofen auf 180 °C vorheizen. Äpfel waschen, vierteln, entkernen und quer in dünne Scheiben schneiden. Brotreste in Würfel schneiden.

2. Eier trennen, Eigelb mit dem Zucker und Zimt cremig rühren, Milch und Joghurt unterziehen. Mit dem Brot, Äpfeln, Nüssen und Rosinen mischen.

3. Eiweiß steif schlagen und unterziehen. Masse in eine gefettete Auflaufform geben, glatt streichen und mit Butterflöckchen belegen. Im Backofen auf mittlerer Schiene bei 180 °C ungefähr 35 Minuten backen.

4. Vanillezucker und Puderzucker vermischen und den abgekühlten Auflauf damit bestäuben.

Pro Portion: 16 g E, 73 g Kh, 26 g F

Variante: Anstatt Rosinen eignen sich auch andere Trockenfrüchte wie Backpflaumen oder Aprikosen.

⏱ 15 Minuten
🔥 210 kcal pro Stück

Müsliwaffeln mit Honigquark

1. Den Quark mit Milch, Apfelsaft und 2 EL Honig glattrühren.

2. Butter und Zucker in einer Schüssel mit einer Prise Salz schaumig rühren, die Eier einzeln nacheinander untermischen. Das Mehl mit dem Backpulver und dem Müsli vermengen, mit der Milch und der Buttermilch unter die Zucker-Butter-Eier-Masse rühren.

3. Das Waffeleisen aufheizen, mit Öl (oder Butter) auspinseln und pro Waffel etwa 3 EL Teig in die Mitte geben. Nacheinander goldbraun backen. Je nach Bedarf bei 100 °C (Ober-/Unterhitze) im Ofen warmhalten.

4. Die Waffeln mit dem Quark servieren, jeweils etwas Honig darübergeben. Warten Sie etwas, die Geduld lohnt: Wenn die Waffeln noch zu heiß sind, zerläuft der Quark!

Pro Stück: 7 g E, 20 g Kh, 11 g F

Tipps: Falls Butter und Eier frisch aus dem Kühlschrank kommen: Eier 10 Minuten in lauwarmes Wasser legen, Butter in kleine Stücke schneiden und etwas warten.

Für 10 große Waffeln:

Honigquark

250 g Speisequark (20 % Fett i. Tr.)

80 ml Milch

1–2 EL Apfelsaft

2 EL Honig

Waffeln

100 g weiche Butter

75 g Zucker, am besten Rohrzucker (brauner Zucker)

3 Eier, Größe M, zimmerwarm

120 g Mehl

1 TL Backpulver

100 g Müsli nach Wahl (ohne Crunchteile, nicht gezuckert)

100 ml Milch

2 EL Buttermilch (oder Joghurt)

1 EL Rapsöl

Salz

2 EL Honig

GEBACKENES

⏲ 40 Min. + 30 Min.
🔥 250 kcal pro Stück

Tarte Tatin

Für 1 Tarteform (8 Stücke):

6 mittelgroße, festfleischige Äpfel
etwas Zitronensaft
4 EL Puderzucker
4 EL Butter
5 EL Mandelplättchen oder gehackte Walnusskerne
1 Paket Tiefkühlblätterteig

Pro Stück: 3 g E, 22 g Kh, 16 g F

1. Äpfel waschen, schälen, je nach Größe vierteln oder achteln und entkernen. Einige Tropfen Zitronensaft darübergeben, beiseitestellen.

2. In einer flachen Tarteform aus Metall Puderzucker und Butter unter dem Grill der Backröhre schmelzen und leicht karamellisieren lassen. Die Tarteform mit Topfhandschuhen vorsichtig aus der Backröhre nehmen. Mandelplättchen oder gehackte Walnusskerne über das Karamell in der Form streuen, ebenfalls unter dem Grill einige Minuten bräunen (und nicht aus den Augen) lassen. Form aus dem Ofen nehmen und mit den Äpfeln auslegen.

3. Grill ausstellen und den Backofen auf 190 °C vorheizen. Inzwischen den Blätterteig nach Anleitung in Formgröße ausrollen. Über die Äpfel legen, am Rand etwas nach innen stülpen. Im heißen Ofen ungefähr 30 Minuten lang backen.

4. Mithilfe einer Tortenplatte die Tarte vorsichtig stürzen und am besten warm servieren. Vanilleeis ist eine köstliche Kombination.

Tipps: *Eine Tarte wird anders als eine hohe Torte in einer eher flachen runden Form gebacken. Meist ist sie aus Blech und ähnelt einer Pizzaform. Die Backzeit verlängert sich um etwa 10 Minuten, wenn anstelle einer Tarteform aus Metall eine aus Keramik oder Glas genommen wird.*

Statt Blätterteig können Sie auch einen türkischen Yufkateig nehmen. Er ist deutlich fettärmer als Blätterteig, muss aber vorher mit Fett oder mit reichlich Wasser bestrichen werden. Auch einen Mürbeteigboden können Sie über die Äpfel stülpen.

Flammeri mit gebackenen Zwetschgen

⏱ 20 Min. + 10 Min.
🔥 300 kcal pro Portion

1. Zwetschgen waschen, halbieren, entkernen. Die Früchte mit der Schnittseite nach oben in eine flache, große Auflaufform legen. Mit Zucker bestreuen, eventuell ein Gläschen Zwetschgengeist darüberträufeln und für 8 bis 10 Minuten in der Backröhre übergrillen beziehungsweise karamellisieren.

2. Für den Flammeri die Milch in einem Kochtopf mit dem Zucker und der geriebenen Zitronenschale aufkochen lassen. Den Grieß einstreuen und bei sehr niedriger Temperatur 5 bis 6 Minuten ausquellen lassen, dabei öfter umrühren. Abkühlen lassen, dann den Quark unterrühren.

Pro Portion: 10 g E, 50 g Kh, 6 g F

Tipps: Auch Pflaumen eignen sich zum Übergrillen, müssen dabei jedoch beobachtet werden. Da sie deutlich wasserhaltiger sind als Zwetschgen, verlieren sie in der Backröhre schneller die Form.

Der weiße Reif oder Duftfilm, der Pflaumen und Zwetschgen oft überzieht, ist ein Indiz für Frische. Die Früchte haben diesen leicht wachsartigen Überzug als Schutz vor dem Austrocknen selbst gebildet. Er ist leicht abwaschbar.

Für 4 Portionen:

Gebackene Zwetschgen

600 g Zwetschgen (oder Pflaumen)

3 EL Zucker

evtl. etwas Zwetschgengeist

Flammeri

500 ml Milch

4 EL Zucker

½–1 TL geriebene Zitronenschale

40 g Hartweizengrieß

100 g Quark (20 % Fett i. Tr.)

⏲ 20 Min. + 90 Min.
🔥 590 kcal p. St. (bei 12)

Karibiktorte

Für 1 Springform (26 cm Ø):
Boden
200 g Löffelbiskuits
100 g Butter
3 EL Zucker
50 g Kokosflocken

Füllung
1 Dose Ananas, 400 g Fruchtfleisch
2–3 unbeh. Limetten oder Zitronen
1–2 Bananen, sehr reif
100 g Orangeat
600 g Doppelrahmfrischkäse
150 g Zucker, braun
2 Pckg. Puddingpulver, Vanille
8 Eier

Belag
150 g Zucker
200 g Kumquats oder 2 unbeh. Orangen

Pro Stück: 13 g E, 62 g Kh, 32 g F

1. Löffelbiskuits in einen Gefrierbeutel füllen und mit dem Nudelholz fest darüberrollen oder in einem Mixer mahlen. Butter schmelzen, Zucker, Kokosflocken und die Keksbrösel unterrühren. Springform mit Backpapier auslegen, die Masse einfüllen, festdrücken, kalt stellen.

2. Ananas abtropfen lassen. Limettenschalen reiben und auspressen. Limettensaft mit Ananas, Banane und dem Orangeat pürieren. Frischkäse cremig rühren, Zucker, Puddingpulver und Limettenschale unterrühren, nach und nach die Eier, dann das Fruchtpüree.

3. Die Masse auf den fest gewordenen Bröselboden füllen. Im Backofen im unteren Drittel 80 bis 90 Minuten bei 170 °C (besser Umluft: 150 °C) backen. Nach etwa 50 Minuten locker mit Alufolie abdecken. Die Torte zum Festwerden gut auskühlen und durchziehen lassen, am besten über Nacht.

4. Für den Belag den Zucker in 100 ml Wasser lösen, aufkochen lassen. Kumquats oder Orangen ungeschält in dünne Scheiben schneiden, in der Zuckerlösung bei geöffnetem Topf etwa eine halbe Stunde köcheln lassen, bis die Lösung zu Sirup eingedickt ist. Die Torte mit den erkalteten, kandierten Fruchtscheiben garnieren.

Tipps: *Wir haben für die Torte Ananas aus der Dose genommen. Das ist praktisch und das Aroma einer frischen Ananas würde das lange Backen ohnehin nicht unbeschadet überstehen. Welche Früchte Sie für die Torte auch nehmen: Bei 600 g Frischkäse sollten 600 g Fruchtfleisch püriert werden.*

Anstatt die Torte mit Obstscheiben zu belegen, können Sie sie nach etwa 60 Minuten Backzeit mit einem Gemisch aus 200 g Sauerrahm und 100 ml Granatapfelsirup bestreichen, backen Sie sie dann noch für etwa 20 Minuten weiter.

Torta di Mandorle

⏱ 20 Min. + 35 Min.
🔥 150 kcal p. St. (bei 12)

1. Ofen auf 150 °C (Umluft) vorheizen. Backpapier auf den Boden einer 26er-Springform legen und in die Form einspannen, den Rand nicht fetten. Die Zitrone abreiben. Die gehackten Mandeln auf ein Blech legen, im Ofen kurz anrösten, bis sie zu duften beginnen.

2. Die Eier trennen. Das Eiweiß mit einer Prise Salz steif schlagen. Danach mit demselben Schläger Eigelb, Zucker und Vanillezucker in einer großen Schüssel schaumig rühren. Das Mehl mit dem Backpulver mischen, mit Zitronenschale und gehackten Mandeln zu der Eigelb-Mischung geben. Alles mit einem Löffel verrühren, dann den Eischnee unterziehen. Teig in die Springform füllen und glatt streichen.

3. Etwa 30 bis 35 Minuten backen. Den Kuchen 10 Minuten nach Backende aus der Form nehmen, am besten auf einem Kuchengitter abdampfen lassen. Ausgekühlt mit Puderzucker überstreut servieren.

Pro Stück: 4 g E, 15 g Kh, 7 g F

Für 1 Springform (26 cm Ø):
1 unbeh. Zitrone
100 g gehackte Mandeln
4 Eier
1 Prise Salz
130 g Zucker
1 Pckg. Bourbon-Vanillezucker
50 g Mehl
1 TL Backpulver
50 g Puderzucker

Varianten: *Die abgeriebene Zitrone sehr gründlich schälen, mit einem sehr scharfen Messer in hauchdünne Scheiben schneiden. Auf dem Teig mit Zucker überstreut mitbacken.*

Besonders intensiv schmeckt der Kuchen mit ungeschälten Mandeln: Erst mit dem Messer, dann im Blitzhacker hacken.

⏱ 15 Min. + 25 Min.
🔥 32 kcal pro Stück

Spanischer Wind

Für 2 Backbleche (40 Stück):

2 Eier oder Eiweiß
1 Prise Salz
100 g feiner Haushaltszucker
75 g dunkle Schokolade
75 g Mandeln, gehackt
1 EL Kakao (optional)

1. Ofen auf 120 bis 130 °C (Umluft) vorheizen. Für das Basisrezept 2 Eiweiß mit einer Prise Salz schaumig, dann mit 100 g feinem Zucker richtig steif schlagen. Schokolade mit einem großen Messer grob hacken, mit den gehackten Mandeln unter das Baiser ziehen. Nach Wunsch eine Hälfte mit 1 EL Kakao würzen.

2. Mit einem Teelöffel in kleinen Häufchen auf ein Blech mit Backpapier setzen, 20 bis 25 Minuten backen. Herausnehmen und etwas Geduld zeigen: Die Baisers sind erst am nächsten Tag trocken genug.

Pro Portion: 1 g E, 3 g Kh, 2 g F

Variante: *Einen Fruchtakzent bringen je 1 EL geriebene Orangen- oder Zitronenschale zum Basisrezept. Eine Mokka-Note bewirkt 1 EL Kaffeepulver zum Kakaobaiser. Nussig-fest werden die Baiserkekse mit je 250 g Zucker und geriebenen Mandeln, etwa 15 Minuten bei 150 °C Umluft gebacken.*

⏱ 35 Minuten
🔥 220 kcal pro Stück

Schmandkuchen mit Mandarinen und Zimt

1. Herd auf 180 °C (Ober-/Unterhitze) vorheizen. Das Backblech mit Backpapier auslegen. Butter, Zucker, Vanillezucker und Salz mit dem Handrührer schaumig rühren. Die Eier nacheinander auf höchster Stufe untermischen. Falls sich die Masse trennt, 1 bis 2 EL heißes Wasser unterrühren. Mehl, Backpulver und Kakaopulver vermengen, mit der Milch kurz, aber gründlich unterrühren. Den Teig aufs Backblech geben, auf der untersten Schiene etwa 20 Minuten backen. Den Kuchen samt Backpapier auf einem Rost auskühlen lassen.

2. Inzwischen die Mandarinen auf einem Sieb abtropfen lassen. Den Schmand, Quark, Milch und Zucker mit dem Handrührer 3 bis 5 Minuten cremig schlagen. Sobald der Kuchen kalt ist, die Mandarinen darauf verteilen, die Schmandcreme darüber streichen und mit dem Zimt bestreuen.

Pro Stück: 4 g E, 15 g Kh, 14 g F

Variante: *Mit 200 g Mehl, aber ohne Kakao, wird aus dem Teig ein Boden, der sich mit frischen Früchten wie Blaubeeren belegen lässt. Darüber kommt Tortenguss, dazu ein paar gehackte Mandeln.*

Für 1 Springform (26 cm Ø):
Rührteig
180 g weiche Butter
150 g Zucker
1 Pckg. Vanillezucker
2 Prisen Salz
3 Eier, zimmerwarm
250 g Mehl
1 Pckg. Backpulver
2 EL Kakaopulver
Schmandcreme
3 Dosen Mandarinen
500 g Schmand
250 g Magerquark
100 ml Milch
50 g Zucker
1–2 EL Zimt

GEBACKENES

⏱ 15 Min. + 15 Min.
🔥 125 kcal pro Stück

Apfel-Zitronen-Muffins

Für 16 Stück:

1 unbeh. Zitrone
2 Äpfel, süß-sauer, etwa 200 g (wie Cox Orange, Boskop)
150 g Mehl
2 EL Haferflocken
2 TL Backpulver
50 g Zucker
1 Pckg. Bourbon-Vanillezucker
125 g weiche Butter
2 Eier, Größe M

1. Den Backofen auf 180 °C (Ober-/Unterhitze) vorheizen. Es werden 2 Muffinbleche mit Papierförmchen oder 16 separate Muffinförmchen benötigt. Die Förmchen auf dem Backblech verteilen, bei Papierförmchen zwei ineinanderstecken, sonst läuft der Teig aus.

2. Die Zitrone abreiben und ausdrücken. Äpfel waschen, vierteln und entkernen, in kleine Würfel schneiden, mit dem Zitronensaft und Abrieb vermischen.

3. Alle anderen Zutaten auf einmal mit dem Rührgerät zunächst auf niedriger Stufe, dann 3 Minuten auf höchster Stufe zu einem glatten Teig rühren. Die Apfelwürfel zugeben, kurz auf kleinster Stufe unterrühren.

4. Den Teig in die Förmchen verteilen: Mit einem Esslöffel den Teig einfüllen, mit einem zweiten abstreifen.

5. Im Backofen auf der mittleren Schiene etwa 15 Minuten backen. Die Muffins sollen leicht gebräunt sein.

Pro Stück: 3 g E, 21 g Kh, 9 g F

Tipp: Noch fruchtiger werden die Apfel-Zitronen-Muffins, wenn man sie kalt mit einer Mischung aus Puderzucker und Zitronen- oder Apfelsaft bestreicht!

REGISTER

A
Amarettini
- Amarettoparfait 65
- Cremige Beerenküsse 76
Ananas
- Ananaseis mit Ingwer und Kokos 61
- Ananas-Tofu-Dessert 45
- Ananas-Trauben-Spieße 43
- Exotische Früchte-Desserts 24
- Karibiktorte 148
Äpfel
- Apfelkuchen 113
- Apfel-Mango-Dessert 28
- Apfel-Zitronen-Muffins 156
- Cranberry-Yufkateigstrudel 129
- Fruchtiges Mandel-Apfel-Porridge 7
- Fruchtiges Pain Perdu 44
- Hopfauer Apfelspeise 51
- Knuspriges Apfel-Nuss-Crumble 126
- Ofenschlupfer 140
- Tarte Tatin 144
Aprikosen
- Aprikosen mit Nusssauce 55
Aprikosen, getrocknet
- Gefüllte Honigfeigen 35

B
Balsamico
- Blitz-Panna Cotta an Balsamico-Erdbeer-sauce 72
Bananen
- Honigbananen aus dem Ofen 130
- Kalter Hund mit Banane 20
- Karibiktorte 148
- Toffee Tarte 105
Beeren
- Cremige Beerenküsse 76
- Leichte Obsttarteletts aus Quark-Öl-Teig 125
- Rote Grütze mit Kirschen und Beeren 27
- Stollensoufflé mit Waldbeersauce 136
- Vanilletoast mit Beerenconfit 121
- Waldbeersauce 136
Berberitzen
- Fruchtiges Mandel-Apfel-Porridge 7
Birne
- Birnen in Rotwein 23
- Birnenjelly mit Schokosauce 91
- Birnen-Vanille-Tofu-Eis 69
- Fruchtiges Pain Perdu 44
- Mit Marzipan gefüllte Rotweinbirnen 8
Blätterteig
- Tarte Tatin 144

Brot
- Fruchtiges Pain Perdu 44
- Ofenschlupfer 140
Butterkekse
- Kalter Hund mit Banane 20
- Toffee Tarte 105

C
Cashewkerne siehe Nüsse
Cranberries
- Apfelkuchen 113
- Cranberry-Yufkateigstrudel 129

D
Datteln
- Knusprige Yufkaröllchen mit Dattel-Nuss-Füllung 132

E
Erdbeeren
- Blitz-Panna Cotta an Balsamico-Erdbeer-sauce 72
- Erdbeer-Parfait 19
- Erdbeer-Sahne-Biskuit 139
- Erdbeer-Tiramisu 16
- Früchtejellies mit Pfirsich und Beeren 12
- Geschichtete Rhabarber-Erdbeerspeise 91
- Haferrisotto mit Erdbeeren 52
- Joghurt-Mousse 85
- Quark-Mousse 86
- Rote Grütze mit Kirschen und Beeren 27
- Stollensoufflé mit Waldbeersauce 136
Erdnüsse siehe Nüsse
Espresso
- Espressotorte 110
- Mocca-Parfait 57
- Orangentiramisu 36
- Schokomousse – ganz ohne Sahne 97

F
Feigen
- Feigen in rosa Sahne 39
- Gefüllte Honigfeigen 35

G
Granatapfel
- Granatapfel-Dessert 40

H
Heidelbeeren
- Heidelbeer-Mousse auf Mohnsauce 88
Himbeeren
- Himbeer-Buttermilch-Dessert 80
- Himbeer-Joghurtschaum 66
- Joghurt-Mousse 85

- Knusperdinkel mit Obst und Nüssen 47
- Papaya-Himbeer-Schichtcreme 95
Honig
- Gefüllte Honigfeigen 35
- Honigbananen aus dem Ofen 130

I
Ingwer
- Ananaseis mit Ingwer und Kokos 61
- Birnenjelly mit Schokosauce 11
- Exotische Früchte-Desserts 24

J
Joghurt
- Cremige Beerenküsse 76
- Gefüllte Honigfeigen 35
- Heidelbeer-Mousse auf Mohnsauce 88
- Himbeer-Joghurtschaum 66
- Joghurt-Mousse 85
- Knusperdinkel mit Obst und Nüssen 47
- Ofenschlupfer 140
- Orangentiramisu 36
Johannisbeeren
- Johannisbeeren mit Dickmilch 15
- Rote Grütze mit Kirschen und Beeren 27
- Vanilletoast mit Beerenconfit 121

K
Kirschen
- Kirschgranita auf Sharonfrüchten 68
- Rote Grütze mit Kirschen und Beeren 27
Kiwi
- Amarettoparfait 65
- Exotische Früchte-Desserts 24
- Kiwi-Sorbet 62
Kokos
- Ananaseis mit Ingwer und Kokos 61
- Haferrisotto mit Erdbeeren 52
- Karibiktorte 148
Kumquats
- Karibiktorte 148
Kürbis
- Kürbiscreme 89

L
Limetten
- Exotische Früchte-Desserts 24
- Karibiktorte 148
Löffelbiskuit
- Erdbeer-Tiramisu 16
- Karibiktorte 148
- Orangentiramisu 36

M

Mandarinen
- Schmandkuchen mit Mandarinen und Zimt 155

Mandeln
- Cranberry-Yufkateigstrudel 129
- Erdbeer-Sahne-Biskuit 139
- Fruchtiges Mandel-Apfel-Porridge 7
- Leichte Obsttarteletts aus Quark-Öl-Teig 125
- Spanischer Wind 152
- Stachelbeeren mit Baiser 32
- Torta di Mandorle 151

Mango
- Apfel-Mango-Dessert 28
- Exotische Früchte-Desserts 24
- Mangocreme 92
- Maronencreme auf Mangospalten 83

Maronen
- Maronencreme auf Mangospalten 83
- Nuss-Maronen-Creme auf Trauben 75
- Süßes Pinienkern-Maronen-Mus 82
- Vermicelles 131

Marzipan
- Mit Marzipan gefüllte Rotweinbirnen 8

Milch
- Crème Brûlée 118
- Flammeri mit gebackenen Zwetschgen 147
- Topfen-Palatschinken 114

Mohn
- Heidelbeer-Mousse auf Mohnsauce 88

N

Nüsse
- Apfelkuchen 113
- Gefüllte Honigfeigen 35
- Honigbananen aus dem Ofen 130
- Knusperdinkel mit Obst und Nüssen 47
- Knusprige Yufkaröllchen mit Dattel-Nuss-Füllung 132
- Knuspriges Apfel-Nuss-Crumble 126
- Mocca-Parfait 57
- Nuss-Maronen-Creme auf Trauben 75
- Ofenschlupfer 140
- Süßes Pinienkern-Maronen-Mus 82
- Tarte Tatin 144

Nussnougatcreme
- Kalter Hund mit Banane 20

Nusspaste
- Aprikosen mit Nusssauce 55

O

Orange
- Himbeer-Joghurtschaum 66
- Mit Marzipan gefüllte Rotweinbirnen 8
- Nuss-Maronen-Creme auf Trauben 75

- Karibiktorte 148
- Orangensalat 58
- Orangentiramisu 36
- Stollen-Parfait mit Orangensalat 58

P

Papaya
- Mangocreme 92
- Papaya-Himbeer-Schichtcreme 95

Pfeffer, grüner
- Exotische Früchte-Desserts 24

Pfefferbeeren, rosa
- Ananas-Tofu-Dessert 45

Pfirsich
- Fruchtiges Pain Perdu 44
- Früchtejellies mit Pfirsich und Beeren 12

Pinienkerne siehe Nüsse
Pistazien siehe Nüsse

Q

Quark
- Cranberry-Yufkateigstrudel 129
- Erdbeer-Sahne-Biskuit 139
- Erdbeer-Tiramisu 16
- Geschichtete Rhabarber-Erdbeerspeise 91
- Leichte Obsttarteletts aus Quark-Öl-Teig 125
- Müsliwaffeln mit Honigquark 143
- Quark-Mousse 86
- Rhabarberkompott mit Quarkcreme 79
- Schmandkuchen mit Mandarinen und Zimt 155
- Topfen-Palatschinken 114

R

Rhabarber
- Geschichtete Rhabarber-Erdbeerspeise 91
- Rhabarberkompott mit Quarkcreme 79

Rosinen
- Kaiserschmarrn mit Zwetschgenkompott 117
- Knuspriges Apfel-Nuss-Crumble 126
- Ofenschlupfer 140

Rotwein
- Birnen in Rotwein 23
- Mit Marzipan gefüllte Rotweinbirnen 8

S

Schmand
- Schmandkuchen mit Mandarinen und Zimt 155

Schokoküsse
- Cremige Beerenküsse 76

Schokolade
- Espressotorte 110
- Toffee Tarte 105

Schokolade, dunkel
- Birnenjelly mit Schokosauce 11
- Brownies – Pralinen vom Blech 103
- Chocolate Chip Cookies 109
- Hopfauer Apfelspeise 51
- Leichte Schokotorte 100
- Mocca-Parfait 57
- Mousse au Chocolat 104
- Schokomousse – ganz ohne Sahne 97
- Spanischer Wind 152

Sharonfrüchte
- Kirschgranita auf Sharonfrüchten 68

Stachelbeeren
- Stachelbeer-Crumble 48
- Stachelbeeren mit Baiser 32

T

Tofu
- Ananas-Tofu-Dessert 45
- Apfel-Mango-Dessert 28
- Birnen-Vanille-Tofu-Eis 69
- Nuss-Maronen-Creme auf Trauben 75

V

Vanille
- Ananas-Tofu-Dessert 45
- Birnen-Vanille-Tofu-Eis 69
- Blitz-Panna Cotta an Balsamico-Erdbeersauce 72
- Crème Brûlée 118
- Vanillesauce 48
- Vanilletoast mit Beerenconfit 121

W

Weintrauben
- Ananas-Trauben-Spieße 43

Y

Yufkateig
- Cranberry-Yufkateigstrudel 129
- Knusprige Yufkaröllchen mit Dattel-Nuss-Füllung 132

Z

Zimt
- Schmandkuchen mit Mandarinen und Zimt 155

Zitrone
- Apfel-Zitronen-Muffins 156
- Geeister Zitronenschaum 71

Zwetschgen
- Flammeri mit gebackenen Zwetschgen 147
- Kaiserschmarrn mit Zwetschgenkompott 117
- Zwetschgenkuchen 122

IMPRESSUM

© 2013 Stiftung Warentest, Berlin

Stiftung Warentest
Lützowplatz 11–13
10785 Berlin
Telefon 0 30 / 26 31–0
Fax 0 30 / 26 31–25 25
www.test.de
email@stiftung-warentest.de

USt.-IdNr.: DE136725570

Vorstand: Hubertus Primus
Weiteres Mitglied der Geschäftsleitung:
Dr. Holger Brackemann (Bereichsleiter Untersuchungen)

Alle veröffentlichten Beiträge sind urheberrechtlich geschützt. Die Reproduktion – ganz oder in Teilen – bedarf ungeachtet des Mediums der vorherigen schriftlichen Zustimmung des Verlags.
Alle übrigen Rechte bleiben vorbehalten.

Programmleitung: Niclas Dewitz

Die Rezepte stammen aus den folgenden Titeln der Stiftung Warentest:
Karin Iden: „Das neue Kochbuch durchs Jahr"; Vera Herbst, Dagmar von Cramm: „Gut essen bei erhöhtem Cholesterin"; Vera Herbst, Dagmar von Cramm: „Gut essen bei Gicht"; Martina Meuth, Bernd Neuner-Duttenhofer: „Kochwerkstatt"; Vera Kaftan, Dorothee Lennert: „Sehr gut backen"; TB & The BBQ-Scouts: „Sehr gut grillen"; Vera Kaftan-Namyslowski, Dorothee Soehlke-Lennert: „Sehr gut kochen"; Christian Soehlke, Dorothee Soehlke-Lennert: „Sehr gut mediterran kochen"; Christian Wrenkh: „Sehr gut vegetarisch kochen"; Lena Elster, Thomas Askan Vierich: „Sehr schnell kochen"; Astrid Büscher: „Smoothies, Shakes & Powerdrinks"; Dagmar von Cramm: „Von Markt & Metzger"; Lena Elster, Dorothee Soehlke-Lennert: „Yummy Mami".

Projektleitung: Friederike Krickel
Mitarbeit: Veronika Schuster
Zusätzliche Nährwertberechnungen:
Astrid Büscher, Hamburg
Gestaltung, Art Direction, Layout: Axel Raidt, Berlin
Bildnachweis: Nicole Fortin, Berlin (14, 17, 18, 25, 26, 41, 49, 54, 63, 80, 84, 123); Knut Koops, Berlin (7, 8, 22, 30, 38, 43, 45, 47, 65, 68, 70, 73, 77, 80, 83, 88, 89, 90, 92, 93, 94, 97, 104, 105, 116, 126, 130, 141, 150, 153); Martina Meuth (59, 86, 134, 137, 138); Peter Schulte, Hamburg (3, 10, 11, 12, 14, 21, 27, 29, 33, 34, 42, 69, 78, 82, 98, 108, 111, 115, 124, 127, 128, 131, 133, 141, 142, 149, 154, 157); Philipp Horak, Wien (3, 51, 60, 119); Gianni Plescia, Berlin (37, 67, 101, 102, 145, 146); Ulrike Holsten, Hamburg (2, 46, 53, 75, 85, 107, 120); fotolia (2, 3, 20, 51, 61, 72, 129, 151, 155); iStock (2, 3, 19, 23, 39, 40, 103, 110, 117, 121, 147, 156); thinkstock (32, 71, 79).

Produktion: Vera Göring
Verlagsherstellung: Rita Brosius (Ltg.), Susanne Beeh
Druck: Grafisches Centrum Cuno GmbH & Co. KG, Calbe

ISBN: 978-3-86851-060-7